Auf den Spuren von

# FRÉDÉRIC CHOPIN

Warschau, Wien, Paris und Mallorca

SEITE 1: *Eugène Delacroix,*
Frédéric Chopin*, 1838.*
Musée du Louvre, Paris.

Die Deutsche Bibliothek – CIP-Einheitsaufnahme
**Auf den Spuren von Frédéric Chopin** : Warschau, Wien, Paris und Mallorca /
Text von Jean-Yves Patte und Jacqueline Queneau.
Fotos von Christine Fleurent. Übers. von Sylvia Strasser.
– Hildesheim : Gerstenberg, 2000
Einheitssacht.: Les promenades de Frédéric Chopin <dt.>
ISBN 3-8067-2863-1

Aus dem Französischen übersetzt von Sylvia Strasser
Die Originalausgabe erschien unter dem Titel *Les promenades de Frédéric Chopin*
1999 bei Éditions du Chêne – Hachette Livre, Paris.
Text von Jean-Yves Patte und Jacqueline Queneau. Fotos von Christine Fleurent

Satz: Fotosatz Ressemann, Hochstadt
Printed in France
ISBN 3-8067-2863-1

Auf den Spuren von

# FRÉDÉRIC CHOPIN

Warschau, Wien, Paris und Mallorca

Text von Jean-Yves Patte und Jacqueline Queneau

Fotos von Christine Fleurent

Übersetzt von Sylvia Strasser

Gerstenberg Verlag

*Achille Devéria,* Konzert.

*»Ah, was soll man da machen? Das ist unmöglich!!!*
*Hätte ich mir nicht bereits Mac-Daniel-Rasiermesser besorgt,*
*würde ich es tun und mir damit aus lauter Verzweiflung*
*die Kehle durchschneiden. Mich erwartet ein Diner für Musiker,*
*und ich kann mich winden wie ein Aal, es hilft nichts.*
*Ich drücke dich wie eine Boa.«*

*(Frédéric Chopin an Wojciech [Albert] Grzymała, 24. Juli 1837)*

# *Inhalt*


GAUDE MATER POLONIA – FREUE DICH, MUTTER POLEN 9

ERSTE REISEN 32

WIEN – LEHRJAHRE ALS EMIGRANT 43

»PARIS IST ALL DAS, WAS DU WILLST« 57

KLAVIERSTUNDEN 73

MALLORCA – EINE LIEBE IM WINTER 89

ÜBER DAS KLAVIER 92

IN NOHANT »STEIGST DU VOR DEM GARTEN AUS ...« 115

»ABER WO IST MEINE KUNST?« 137

KLEINER REISEFÜHRER 147

Zeittafel 162

Bibliographie 164

Register 165

# GAUDE MATER POLONIA – FREUE DICH, MUTTER POLEN

*»Woran liegt es, daß aus Chopin mehr als aus jedem andern die Seele der Nation spricht? Woran liegt es, daß aus seinem Herzen die Stimme unseres menschlichen Geschlechts emporsteigt wie aus den unerforschten Tiefen der Erde die stärkende Quelle?«* (Ignacy Paderewski)

Es gibt Schlachten, Ambitionen, Lebensläufe, die als so »universal« betrachtet werden, daß ihr großartiges Echo selbst aus fernster Vergangenheit unüberhörbar nachklingt. Es gibt Kaiser, Könige, Fürsten, es gibt gewöhnliche Sterbliche, deren Taten eine flammende Spur durch die Jahrhunderte hindurch ziehen, bis sie zum Inbegriff ihrer Zeit werden. Es gibt Menschen, Gesinnungen, Genies, die der ganzen Menschheit zur Zierde gereichen, weil sie jenes zusätzliche Quantum Seele besitzen, das ihnen das innere Exil oder Erinnerungen an ein fernes Land beschert haben.

Frédéric Chopin, der Klaviervirtuose, der geniale Interpret, der Neuerer, der ein bis heute unerreichtes Werk schuf und sich bereits zu Lebzeiten einen Platz im Pantheon der Musiker eroberte, durchstreifte wie ein Meteor die Epoche der Romantik. Er, der französischste aller polnischen Komponisten, er, der freiwillig ins Exil ging, verstand es wie kein zweiter, durch sein kreatives Schaffen den Qualen seines geteilten, zerstückelten Vaterlands Ausdruck zu verleihen und das Wesen der polnischen Seele zu erfassen.

Oben:
*Anna Chamiec,* Frédéric Chopin. Sammlung Chopin-Gesellschaft Warschau. *»Ihr aufrichtiger Diener F. F. Chopin, geboren den 1. März 1810 im Dorf Żelazowa Wola in der Wojewodschaft Mazowsze« (F. Chopin an den stellvertretenden Vorsitzenden der Polnischen Literarischen Gesellschaft in Paris, 16. Januar 1833.* Briefe.)

Vorhergehende Doppelseite:
*»Die Heimat hat eine besondere Melodie, wie sie ein besonderes Klima hat. Die Berge, die Wälder, die Wasserläufe und die Wiesen haben ihre eigene heimatliche Stimme, aber nicht jeder vermag sie zu hören.« (Stefan Witwicki an F. Chopin, 6. Juli 1831.)*

Links:
*»(...) schwankend, wie die Ähre des Feldes unter dem weichen Druck der Luft, wie der Wipfel des Baumes, den die willkürliche Bewegung des Windes bald dahin, bald dorthin neigt, das ist Chopins* Tempo rubato.« *(Franz Liszt,* Gesammelte Schriften. Friedrich Chopin.)

Frankreich und Polen sind durch eine wechselvolle Geschichte miteinander verbunden, seit 1738 der polnische König Stanislaus I. Leszczýnski ins französische Exil ging. Sein Schwiegersohn, König Ludwig XV., überließ ihm die Herzogtümer Lothringen und Bar. Nancy und Lunéville erlebten ihre Blüte unter der Herrschaft Stanislaus' des »Wohltäters«: Zahlreiche Prachtbauten entstanden. Am Hof umgab er sich mit einer bunten Gesellschaft aus Franzosen und Polen. Schöngeister aller Art zog es dorthin.

## »Ich werde meinen Weg machen«

Im Herzen dieses beschaulichen Königreichs, genauer gesagt in Marainville, einem kleinen Dorf, das sich am Fuß der Anhöhe von Sion halbkreisförmig um sein Schloß schmiegt, lebt der Wagner und Weinbauer François Chopin. Nach dem Tod Stanislaus' I. im Jahr 1766 fällt Lothringen, das dreißig Jahre lang polnisch war, an Frankreich und wird zum »Generalgouvernement Lothringen und Barois«. Den im Lande ansässigen Polen bleiben nichts als wehmütige Erinnerungen an die Herrschaft Stanislaus' des Wohltäters; viele kehren in ihre Heimat zurück.

François Chopin hingegen denkt nicht an eine Heimkehr nach Polen: Er ist mit den Vorbereitungen für seine Hochzeit mit Marguerite Deflin beschäftigt. Das Paar wird drei Kinder haben, zwei Töchter und Sohn Nicolas, der 1771 zur Welt kommt. Daß er ein aufgeweckter Junge ist, bleibt auch Jan Adam Weydlich, dem Vertrauten von Graf Pac, dem neuen, aus Polen stammenden Grundherrn von Marainville, nicht verborgen, und so legt er den Eltern nahe, das Kind nach Nancy auf die Schule zu schicken. Als Graf Pac sich 1787 entschließt, nach Polen zurückzukehren, schlägt Weydlich, der mit in die Heimat zurückgehen muß, dem erst 16jährigen Nicolas vor, ihn zu begleiten. Nicolas Chopin soll sein Geburtsland nie mehr wiedersehen. Das Polen, das er kennenlernt, ist ein ausgeblutetes Land, das der Gier seiner mächtigen Nachbarn hilflos ausgeliefert ist. Nachdem sich Preußen, Rußland und Österreich überraschend verbündet haben, teilen sie Nicolas' neue Heimat untereinander auf. Der junge Mann verläßt alsbald die Umgebung des Grafen Pac und verdingt sich bei einem Franzosen, der eine Tabakmanufaktur gegründet hat, als Kassierer. »Mag ich auch in einem fremden Land sein, so werde ich doch meinen Weg machen«, schreibt Nicolas im September 1790 an seine Eltern.

Doch dann überstürzen sich die Ereignisse, und der junge Mann wird in ihrem Sog mitgerissen. 1794 erhebt sich das Volk gegen seine Unterdrücker. Nicolas Chopin dient in der Warschauer Nationalgarde und bringt es bis zum Hauptmann. Eine Zeitlang sieht es so aus, als ob die Invasoren aus dem Land getrieben werden könnten, aber schon bald

*Chopins Geburtshaus in Żelazowa Wola. An warmen Sommerabenden wird das Klavier draußen unter den Kiefern aufgestellt, und eine laue Brise weht die Musik über die ruhig dahinfließende Utrata. Viele Jahre später noch sollen englische Ladys einen Hauch jener Atmosphäre von einst verspüren: »Alle ihre Lobsprüche enden mit* ›leik water‹, *das heißt (die Musik) fließt wie Wasser.« (Chopin an W. Grzymała, 21. Oktober 1848. Zitiert nach Willi Reich,* Frédéric Chopin. Briefe und Dokumente.)

RECHTS:
*Justyna Krzyzanowska und Nicolas (Mikolaj) Chopin, die Eltern Frédéric Chopins.* Sammlung Chopin-Gesellschaft Warschau.

SEITE 13 LINKS OBEN:
*Die Taufurkunde Frédéric Chopins; die Taufe fand in der Dorfkirche von Brochów statt.* Sammlung Chopin-Gesellschaft Warschau.

wendet sich das Blatt, und der Aufstand wird niedergeschlagen. 1795 beschließen die Teilungsmächte Preußen, Rußland und Österreich die dritte Polnische Teilung. Der König muß abdanken, der polnische Staat existiert nicht mehr.

Etwa um diese Zeit wird die Aristokratin Ewa Laczynska, Frau eines hohen Beamten, auf Nicolas, oder polnisch Mikolaj, aufmerksam. Seine ungewöhnliche Persönlichkeit fasziniert sie so sehr, daß sie ihm eine Stelle als Hauslehrer anbietet. 1802 tritt Mikolaj in die Dienste der Gräfin Ludwika Skarbek, die ihn mit der Erziehung ihrer Kinder betraut.

Da die Gräfin mit der Verwaltung ihres großen Guts Żelazowa Wola westlich von Warschau hinreichend beschäftigt ist, soll Mikolaj sich insbesondere um den zehnjährigen Fryderyk, den ältesten Sohn, kümmern und ihn in Französisch, Deutsch, Geschichte, Geographie und Musik unterrichten, ein umfangreiches, dem enzyklopädischen Ideal der Aufklärung verpflichtetes Programm.

In Żelazowa Wola lernt Mikolaj Chopin die junge Justyna Krzyzanowska kennen und lieben. Nach der Hochzeit beziehen die beiden ein Nebengebäude, das Gräfin Skarbek ihnen zur Verfügung gestellt hat. Es ist nur ein bescheidenes, einstöckiges Häuschen mit kalkgeweißten Wänden und großen Kachelöfen für die kalten Wintertage, aber das Paar genießt sein junges Glück abseits der politischen Wirren. Doch die Idylle währt nicht lange. Nach der Einnahme von Wien und Berlin rückt Napoleon auf Warschau vor; im Dezember 1806 zieht er in die Stadt ein. Gräfin Skarbek verläßt daraufhin ihr Gut und reist nach Warschau, um sich unter den Schutz des Kaisers zu stellen, der als Befreier Polens gefeiert wird. Napoleon hat seine Zusicherungen jedoch schnell vergessen: In Tilsit schließt er einen Sonderfrieden mit Rußland und Preußen und vergibt das neugegründete Großherzogtum Warschau an Friedrich August III., König von Sachsen, der zur Marionette des französischen Kaisers wird. In dieser Zeit trügerischen Friedens bringt Justyna am 6. April 1807 ihr erstes Kind zur Welt, ein Mädchen, das Gräfin Skarbek zu Ehren Ludwika genannt wird. Sie wird die Lieblingsschwester des drei Jahre später geborenen Komponisten sein.

»ICH BIN EIN ECHTER MASOWIER«

*»Nun ist der Teil des Landes, in dem Chopin geboren und erzogen ward, von Mazuren, einem sehr eigentümlichen, musikliebenden Volksstamme, bewohnt. Die Liebe zur Musik ist bei den Mazuren so groß, daß sie die gewöhnlichsten Ereignisse des Lebens besingen und ihnen eine gefällige oder rührende Seite abzugewinnen wissen.«*

MORITZ KARASOWSKI, *Friedrich Chopin*

Fryderyk Skarbek, der ein renommierter Wirtschaftswissenschaftler, Historiker, Schriftsteller und Professor an der Universität von Warschau werden und der stets voller Hochachtung an seinen alten Lehrer zurückdenken wird, besucht nach dem Schulabschluß in Warschau das Pariser Collège de France, wo er sich für das Fach Wirtschaftswissenschaft einschreibt. Nun, da wieder Frieden herrscht und Fryderyk nach Paris abgereist ist, gibt es für Gräfin Skarbek keinen Grund mehr, noch länger in Warschau zu bleiben. Sie kehrt mit den Chopins nach Żelazowa Wola zurück. Justyna kümmert sich wieder um Verwaltungsaufgaben, Mikolaj unterrichtet die jüngeren Kinder der Gräfin.

Drei Jahre später, am 1. März 1810, bringt Justyna Chopin einen Sohn zur Welt, während draußen im Hof Musikanten, die mit dem Pferdeschlitten gekommen sind, aufspielen und

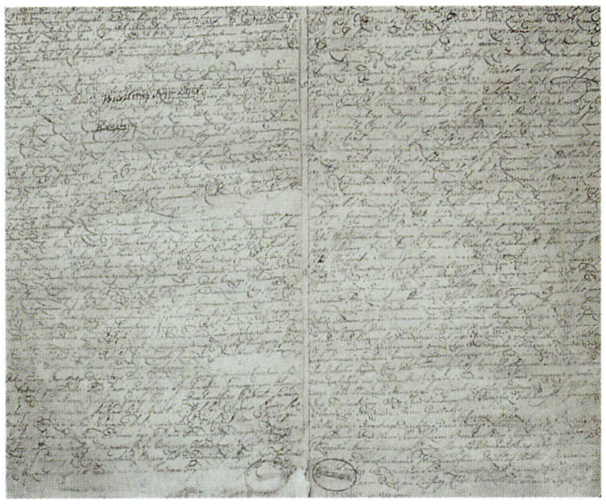

passend zur Karnevalszeit Mazurken vortragen. Der Junge wird auf den Namen Fryderyk-Franciszek getauft: Fryderyk nach seinem Paten Fryderyk Skarbek, Franciszek nach seinem französischen Großvater François Chopin.

Die Taufe wird so lange verschoben, bis Fryderyk Skarbek, der Pate, aus Paris angereist ist. Sie findet erst sieben Wochen später, am 23. April 1810, in der Kirche von Brochów statt, wo sich Justyna und Mikolaj einst das Jawort gaben. In die Geburtsurkunde und den Taufschein schleichen sich mehrere Fehler ein: Der Nachname wird in »Chopyn« und »Chopen« abgeändert, und als Geburtsdatum wird der 22. Februar 1810 eingetragen, ein Irrtum, der in manchen Biographien aufgegriffen wird und für Verwirrung sorgt.

Einige Monate später bricht Gräfin Skarbek in Begleitung der Chopins erneut nach Warschau auf. Die gräflichen Kinder sind jetzt alt genug, um das Liceum Warszawskie besuchen zu können, und so trennt sie sich, wenn auch schweren Herzens, von dem Hauslehrer, der ihr in den vergangenen Jahren eine große Stütze war. Auf ihre Bitte hin stellt der mit ihr befreundete Direktor des Liceums,

OBEN:
*Ambrozy Miroszewski,* Izabela Chopin *(oben) und* Ludwika Chopin, *1829.* Sammlung Chopin-Gesellschaft Warschau. *Seinen allerersten Klavierunterricht erhielt Chopin von seiner Schwester Ludwika und von seiner Mutter. Der Junge, der sich als wahres Wunderkind erweist, wird vom sechsten Lebensjahr an von einem Klavierlehrer unterrichtet.*

LINKS:
*Ob sich das Liceum an das Lachen des jungen Chopin und seiner Kameraden erinnert?*

Rechts oben:
*Porträt der Emilia Chopin.* Sammlung Chopin-Gesellschaft Warschau. *»Wie traurig ist doch das Los des Menschen auf dieser Erde: Er leidet und fügt damit denen, die er liebt, noch mehr Leid zu.« (Diese Zeilen verfaßte Emilia Chopin kurz vor ihrem Tod.)*

Seite 15:
*Die sorgsam gemalten Buchstaben in diesem Heft, Überbleibsel einer Kindheit, die ganz der geistigen Arbeit zugetan war, weisen noch nicht auf die temperamentvolle Notenschrift des Komponisten Chopin hin, sondern verraten im Gegenteil eine Eleganz, die einer seiner wesentlichen Charakterzüge bleiben wird. Das Heft befindet sich im Besitz der Chopin-Gesellschaft Warschau.*

Rechts unten:
*Der Adler über dem Sächsischen Palais hat vielleicht schon die prunkvollen Militärparaden des Großherzogs Konstantin beobachtet. Ob er auch den blutjungen Chopin gesehen hat, der viele Male ins Palais kam, um mit seinem Klavierspiel die großherzoglichen Wutanfälle zu beschwichtigen?*

Samuel Bogumil Linde, Mikolaj als Lehrer für französische Sprache und Literatur ein. Die Familie Chopin zieht daraufhin in ein Nebengebäude des Sächsischen Palais, in dem das Liceum untergebracht ist, im Krakowskie Przedmiescie. Zwar ist die Bezahlung eher bescheiden, aber die Wohnung so geräumig, daß sie es den Chopins ermöglicht, Schüler, Söhne reicher Großgrundbesitzer, gegen Entgelt bei sich aufzunehmen. Zum Zeichen ihrer Dankbarkeit und Zuneigung vertraut Gräfin Skarbek den Chopins ihre beiden Jüngsten an. Sie werden die ersten Pensionsgäste des Hauses und die ersten Mitschüler des kleinen Fryderyk, oder Frédéric, sein.

Zu all diesen Kindern kommt bald ein weiteres eigenes hinzu: Izabela, die am 9. Juli 1811 geborene zweite Tochter der Chopins. Wie alle Kinder der Familie ist sie überaus musikalisch, und später wird sie sich am Klavier intensiv mit den Werken ihres Bruders auseinandersetzen, nicht, weil sie die Hoffnung hegt, irgendwann einmal Konzerte zu geben, sondern einfach, weil, wie sie ihm 1834 schreibt, »Du mein Bruder bist und meine Seele für niemanden so empfänglich ist wie für Dich«. Im darauffolgenden Jahr, genauer gesagt, am 20. November 1812, kommt Emilia zur Welt, die dritte Schwester des Komponisten. Sie soll für ihn zum Inbegriff für die Vergänglichkeit des Glücks werden. Sie lieben beide die Poesie, die Schriftstellerei, das Theater und den Humor. Emilia wird ihm wie der Sonnenstrahl an einem grauen Tag erscheinen, bald jedoch nichts mehr als eine zärtliche, wehmütige Erinnerung sein, ein unerträglicher Schmerz.

## »Gestern die grosse Armee, heute eine Herde«

Noch immer hallt Kanonendonner über Polen. Napoleon ist bereit, sich mit dem russischen Zaren Alexander I. zu Friedensverhandlungen zu treffen, allerdings unter der Voraussetzung, daß alle seine Bedingungen akzeptiert werden. Alexander I. lehnt ab. Obgleich die französischen Truppen, denen sich hunderttausend Polen angeschlossen haben, den russischen zahlenmäßig weit überlegen sind, wird Napoleon durch den Brand Moskaus und den Wintereinbruch zum Rückzug gezwungen. Der Übergang über die Beresina bei Studjanka ist mit schwersten Verlusten verbunden. Für Napoleon bedeutet diese Niederlage das Ende seines russischen Traums, das Ende auch seines unerschütterlichen Glaubens an Ruhm und Sieg. 1812 »senkte der Adler zum erstenmal sein Haupt« (Victor Hugo, *Les Châtiments*).

Nach dem Untergang des Kaiserreichs und der Restauration (die Bourbonen kehren auf den französischen Thron zurück) wird das Gebiet des früheren Polen auf dem Wiener Kongreß 1815 erneut geteilt. Warschau wird Hauptstadt des Königreichs Polen, das in Personalunion mit Rußland

vereinigt wird: Der Zar ernennt seinen Bruder, Großherzog Konstantin, zum Vizekönig und Oberbefehlshaber der polnischen Streitkräfte. Der neue Herrscher zeichnet sich durch Brutalität, Härte und Eitelkeit aus – protzige Militärparaden sind seine ganze Freude. Die Zurschaustellung seiner kriegerischen Phantasien findet auf dem Sächsischen Platz vor dem Warschauer Liceum statt. Immer mehr Männer läßt er dort defilieren, aber um richtig »Soldat spielen« zu können, fehlt ihm der Platz. Deshalb requiriert er 1817 das Sächsische Palais, verwandelt es in einen Truppenübungsplatz und schließt das Liceum. Die Schule zieht um, die Familie Chopin ebenfalls, und zwar ins Kazimirpalais, das nur wenige Schritte entfernt auf der anderen Seite der Straße liegt.

Die Pension Chopin hat einen ausgezeichneten Ruf, nicht nur wegen der herzlichen Aufnahme, die den Schülern zuteil wird, sondern auch des erstklassigen Unterrichts wegen. Die reichsten Familien aus der ganzen Gegend schicken ihre Söhne hierher. Die Gänge hallen wider vom Gelächter der jungen Pensionsgäste, die wunderbare Spielkameraden für Frédéric und seine Schwestern sind. Mikolaj Chopin, der allseits wegen seiner Bildung und seines anständigen Charakters hoch geschätzt wird, umgibt sich mit einem ausgesuchten Kreis von Freunden. Nach dem Vorbild der Salons des 17. Jahrhunderts empfängt er jeden Donnerstag. Zu seinen Gästen zählt auch Linde, der Schulleiter, mit dem er sich über das Wörterbuch der polnischen Sprache unterhält, das dieser erstellen möchte. Graf Pac und Weydlich, sein ehemaliger Verwalter, kommen zuweilen, um Erinnerungen an Frankreich auszutauschen. Nachdem die Warschauer Universität in die Nachbargebäude eingezogen ist, finden sich auch etliche Professoren sowie der Rektor unter den Gästen der Chopins wieder. Die Unterhaltung dreht sich um alles mögliche: Poesie, Literatur, Mathematik, Zoologie, Kunst. Es wird aber auch gesungen und musiziert. In Żelazowa Wola hatten Justyna und Mikolaj oft miteinander Geige und Klavier gespielt; jetzt stehen die Instrumente für den Musikunterricht ihrer Kinder und Pensionsgäste zur Verfügung. Frédéric läßt bereits als kleiner Junge eine außergewöhnliche Sensibilität erkennen: Als er seine Mutter zum erstenmal Klavichord spielen hört, fängt er vor Rührung an zu weinen. Schon als Sechsjähriger spielt er mühelos bekannte Melodien nach, die irgend jemand im Haus gesummt hat, oder improvisiert meisterhaft.

»Wäre der junge Mann in Deutschland oder Frankreich geboren worden …«

1816 beschließen Mikolaj und Justyna Chopin, ihren Sohn, dessen ausgeprägte musikalische Begabung ebenso beeindruckend ist wie seine Fingerfertigkeit am Klavier und seine Gabe, einmal gehörte Melodien fehlerfrei nachzuspielen, von dem Warschauer Klavierlehrer Wojciech Żywny unterrichten zu lassen.

Der sechzigjährige Żywny, ein gebürtiger Tscheche, stammt aus Böhmen, wo er für König Stanislaus Poniatowski Klavier und für Fürst Kasimir Sapieha Geige spielte. Später gibt der liebenswürdige, gebildete Mann, der ein ausge-

Seite 16:
*Der Park Łazienki (der Badehauspark) in Warschau erinnert an die glanzvolle Herrschaft König Stanislaus' Poniatowski.*

Links:
*Andrew Carrick Gow,* A Musical Story by Chopin. Tate Gallery, London. *Schulkameraden haben sich um den am Klavier sitzenden Chopin versammelt und lauschen andächtig seinem improvisierten Spiel, während sich Mikolaj Chopin im Hintergrund hält, um den Zauber des Augenblicks nicht zu brechen.*

Seite 21:
*Diese Taschenuhr* (Sammlung Chopin-Gesellschaft Warschau) *bekam der junge Chopin von der Sängerin Angelica*

*Catalani* (oben) *als Anerkennung für sein virtuoses Klavierspiel geschenkt. Als Chopin die Bekanntschaft der Italienerin macht – sie tritt am 22. Dezember 1819 in Warschau auf –, ist sie bereits eine Legende. Sie gilt als beste Sängerin ihrer Zeit. Ihr Timbre ist in der Tat einzigartig – und ihr Ruf so phänomenal wie ihre Gagen. Auf dem Höhepunkt ihrer Karriere tritt sie von der Bühne ab: Ihr Publikum soll sie in guter Erinnerung behalten.*

Rechts:
*Das Palais Radziwiłł in Warschau.*
Bibliothèque nationale, Paris.

zeichneter Pädagoge ist, in den vornehmsten Häusern Polens Klavichord- und Klavierstunden – mit großem Erfolg. Bach und Mozart schätzt der Tabakliebhaber über alle Maßen. Er trägt stets eine alte, schon gelbe Perücke und einen groben, wattierten, grünen Gehrock, der immer fleckig ist, und er pflegt ungeschickte Hände mit einem legendären eckigen Stift zu »korrigieren«. Seine Schüler redet er in der dritten Person an. Frédéric macht erstaunliche Fortschritte unter der Anleitung des alten Lehrers. Im Alter von sechs Jahren komponiert er seine erste *Polonaise g-Moll.* Fryderyk Skarbek, sein Taufpate, ist überwältigt von soviel Virtuosität. Er sorgt dafür, daß das Werk veröffentlicht wird. Die Presse ist voll des Lobes, und die *Pamietnik Warszawski (Warschauer Nachrichten)* geht sogar soweit zu behaupten: »Wäre der junge Mann in Deutschland oder Frankreich geboren worden, hätte er sicherlich schon längst weltweit für Aufsehen gesorgt.«

## »Mein neuer Kragen, Mama.«

Am 24. Februar 1818 findet im Palast des Fürsten Radziwiłł ein Wohltätigkeitskonzert statt, bei dem der kleine Frédéric auftreten soll. Der Statthalter des Großherzogtums Posen, selbst ein großer Musikliebhaber, Komponist und Cellist, wird bis zu seinem Tod 1833 ein Freund und Förderer Chopins bleiben. Frédérics Vater verweigert zunächst die Zustimmung zum Auftritt, aus Sorge, man werde seinen Sohn wie einen kleinen Mozart in sämtlichen Salons zur Schau stellen, läßt sich dann aber doch überreden. Der Junge ist noch keine acht Jahre alt, als er sein erstes Konzert gibt. Er trägt Werke des tschechischen Komponisten Adalbert Gyrowetz vor, unter anderem ein *Concerto* für Klavier. Sein Spiel ist brillant. Als seine zutiefst bewegte Mutter ihn später fragt, was dem Publikum denn am besten gefallen habe, antwortet er arglos: »Mein neuer Kragen, Mama.«

Von da an reißt man sich um den jungen Chopin. Aus allen bedeutenden polnischen Fürstenhäusern treffen Einladungen ein, und jeder Musiker, der auf der Durchreise in Warschau weilt, will den Jungen spielen hören. Frédéric spielt für Maria Teodorowna, die Mutter des Zaren, als diese das Liceum besucht. Er wird von Großherzog Konstantin empfangen, dem er eine Eigenkomposition, einen Militärmarsch, vorspielt – augenzwinkernd sozusagen, in Erinnerung an die Paraden auf dem Platz vor dem Haus. Der Marsch kommt so gut an, daß der Großherzog diesen künftig bei seinen Paraden spielen lassen will. Auf Einladung von Joanna Grudzinska, der hübschen polnischen Gräfin, die Konstantin gegen den Willen seines Bruders, des Zaren, geheiratet hat, wird Frédéric noch oft ins Palais du Belvédère zurückkehren. Sie hofft nämlich, das Klavierspiel des kleinen Künstlers werde ihren jähzornigen Gatten ein wenig besänftigen.

## »Besondere Begabung, musikalisches Genie«

1822 gelangt der alternde Wojciech Żywny völlig zu Recht zu dem Schluß, daß es nun nichts mehr gebe, was er seinen jungen Schüler noch lehren könne. Er überläßt diese Aufgabe dem Musikpädagogen und Gründer des Warschauer

Catalani
Chopin

Konservatoriums Józef Elsner und dem dort als Professor tätigen tschechischen Pianisten und Komponisten Wilhelm Würfel. Elsner unterrichtet Frédéric in Harmonie- und Kompositionslehre, während Würfel vier Jahre lang daran arbeitet, die Technik des jungen Pianisten zu vervollkommnen, indem er ihn mit den allerneuesten Methoden vertraut macht. Später soll Elsner auf dem Rand eines Schulhefts seines Schülers vermerken: »Besondere Begabung, musikalisches Genie.«

In den Ferien wird Frédéric von seinem Kameraden Dominik Dziewanowski, einem Pensionsgast der Chopins, auf das elterliche Gut nach Szafarnia, einige Werst außerhalb von Warschau, eingeladen. Auf dem Land kann sich der Junge erholen und neue Kraft schöpfen. Er ist zum erstenmal getrennt von Eltern und Geschwistern, aber er schreibt Briefe an die Daheimgebliebenen und verfaßt nach dem Vorbild des *Kuryer Warszawski,* des *Warschauer Kuriers,* alle paar Wochen einen *Kuryer Szafarski,* einen *Kurier aus Szafarnia,* in dem er humorvoll die Abenteuer des Herrn Pichon (ein Anagramm von Chopin) schildert. So erzählt er beispielsweise von den »Wettrennen«, die er, obwohl zu Pferde, gegen seine Freunde zu Fuß verliert. In einem Brief an Wilhelm Kolberg schreibt er im August 1824, noch ganz

unter dem Eindruck seiner niederschmetternden Erfahrungen als Reiter: »(...) das Pferd trottet langsam hin, wohin es ihm beliebt, während ich wie ein Affe auf einem Bären mit Schrecken darauf sitze. Bis jetzt bin ich noch nicht heruntergeflogen, weil mich das Pferd noch nicht abgeworfen hat, doch werde ich, wenn es ihm beliebt, vielleicht doch einmal herunterfliegen.« *(Friedrich Chopins gesammelte Briefe)* In seinem *Kuryer* berichtet er auch von dem Truthahn, der auf dem Dachboden des Hauses geschlüpft ist, von der Henne, die plötzlich hinkte, von der Ente, die in einem erbitterten Kampf mit einer Gans ein Bein eingebüßt hat, von der Katze, die eine Sirupflasche im Kleiderschrank zerbrach, von den drei Mägden, die sich gegenseitig eimerweise mit Wasser übergossen, von den Stechmücken, die eine große Plage sind, aber glücklicherweise seine Nase verschonen. Sechs Tassen Kaffee aus gerösteten Eicheln trinkt er täglich. Und seine Eltern beruhigt er mit den Worten: »Ich esse mit außergewöhnlichem Appetit. (...) Ich nehme regelmäßig die Pillen (weil er zu mager ist), und von der Tisane (Kräutersud) trinke ich täglich eine halbe Karaffe, ohne abzusetzen. Bei Tisch trinke ich nichts, nur ein bißchen süßen Wein, Obst esse ich, aber nur ganz reifes, wenn es Fräulein Ludwikas Billigung findet.« (Brief vom 10. August 1824. *Briefe*) Der junge Mann nimmt auch an einem Erntefest teil, wo er sich zu den vom Wodka angeheiterten Einheimischen setzt und mit ihnen tanzt. Außerdem schreibt er die Texte der Volkslieder auf, die die

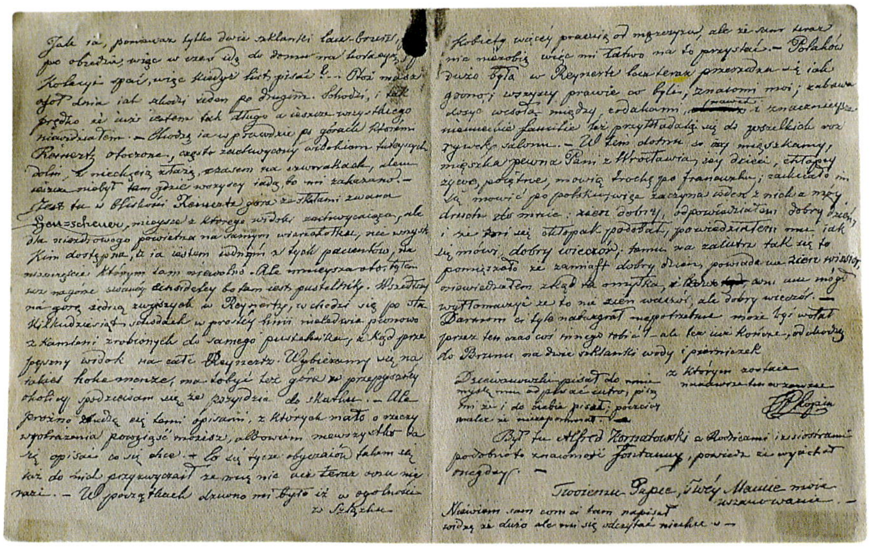

UNTEN:
*Nach dem Vorbild des* Kuryer Warszawski *hat der junge Chopin einen* Kuryer Szafarski *verfaßt, in dem er humorvoll die lustigen Abenteuer des »Herrn Pichon« erzählt.* Sammlung Chopin-Gesellschaft Warschau.

*»Am 29. dieses Monats entdeckte Herr Pichon, als er durch Nieszawa kam, eine Dorf-Catalani, die auf einem Weidezaun hockte und aus voller Kehle sang. Neugierig geworden und weil er zwar die Melodie und die Stimme hörte, nicht aber die Worte verstand, trat er näher. Er ging langsam vor dem Zaun auf und ab, begriff den Sinn der Worte aber noch immer nicht. Da holte er ein paar Münzen aus seiner Hosentasche und bot sie der Bäuerin an, wenn sie ihm das Lied noch einmal vorsingen wolle. Die Dorf-Catalani lehnte zunächst empört ab. Doch das Geld war so verlockend, daß sie schließlich einwilligte und eine Mazurka sang, von welcher der Verfasser mit Genehmigung der Behörden und der Zensurstelle hier eine kleine Kostprobe wiedergeben möchte:* Sieh nur, wie hinter den Bergen der Wolf tanzt, hinter den Bergen der Wolf tanzt, er hat keine Frau gefunden, deshalb ist er so traurig (Dakapo).« *(F. Chopin an seine Familie, 31. August 1824.)*

»Mägde schrill und falsch und mißtönend singen«, wie er in einem Brief an die Eltern feststellt. Ein andermal beklagt er die Unmusikalität der Bauernchöre: »Wir saßen beim Abendbrot (...), als sich von weitem Chöre falscher Diskante vernehmen ließen, entweder aus alten Weibern, die durch die Nase (...) schnatterten, oder aus jungen Mädchen, die unerbittlich mit der größeren Hälfte des Mundes einen halben Ton höher kreischten (...).« (Brief an die Eltern vom 26. August 1825. *Briefe*) Er wird weder den Reichtum dieser Volksmusik, ihrer Melodien, ihrer eigenwilligen Rhythmen vergessen noch ihre Melancholie, jene Schwermut, für die das Polnische das Wort *żal* kennt, das sich am besten übersetzen läßt mit »untröstlichem Schmerz nach einem unwiderruflichen Verlust« (Franz Liszt, *Gesammelte Schriften. Friedrich Chopin*). *Żal* macht das Wesen der polnischen Seele aus und inspiriert ihn zu seinen ersten Mazurken.

Rechts und Seite 25: *Nikolaus Kopernikus entstammte einer wohlhabenden Familie, die mehrere Häuser in Thorn (Toruń) besaß. Wie Historiker erst im 20. Jahrhundert herausfanden, kam der berühmte Astronom in diesem wunderschönen gotischen Gebäude zur Welt und nicht in jenem bis heute erhaltenen Haus in derselben Straße, das Chopin noch als »das Geburtshaus Kopernikus'« besichtigte.*

Die Sommerferien 1825 verbringt er wiederum in Szafarnia. Mit seinem Freund Dominik wandelt er in Thorn (dem polnischen Toruń) auf den Spuren Kopernikus'. Sie besichtigen auch das Haus, das man damals für das Geburtshaus des großen Astronomen hielt. Zu Frédérics Empörung ist es »ein wenig profaniert« worden, denn in dem Zimmer, in dem Kopernikus angeblich das Licht der Welt erblickt hatte, dasselbe Zimmer, in dem er später so viele geniale Einfälle haben und bahnbrechende Entdeckungen machen sollte, »steht jetzt das Bett eines Deutschen«, schwergewichtig und üble »Zephire« verströmend, wie der junge Mann seinem Freund Jan Matuszyński, einem Pensionsgast der Chopins, im August schreibt. Im selben Brief schildert er auch seinen Rundgang durch die Stadt, wo er die Festungsanlagen bewundert, den schiefen Turm, das Rathaus, das »soviel Fenster hat, als es Tage gibt«, die gotischen Kirchen, die von mächtigen Deutschordensrittern erbaut wurden. »Dies alles übertrifft jedoch keineswegs die Lebkuchen.« Ihr honigsüßer Duft verfolgt ihn, wohin er auch geht, und naschhaft, wie er ist, wird er nicht müde, an den Lebkuchenbäckereien vorbeizuschlendern, wo »in Korridoren, die mit gut verschlossenen Kisten angefüllt sind«, die Lebkuchen »dutzendweise, nach Gattungen angeordnet, ruhen« *(Friedrich Chopins gesammelte Briefe).*

»Ah, mein Teuerster, was für ein grosser Meister bin ich doch geworden!«

(Aus einem Brief an Jan Białobłockis vom November 1825)

Im Frühjahr 1825 kommt der Zar nach Warschau. Ihm zu Ehren findet in der evangelischen Dreifaltigkeitskirche ein Konzert statt, bei dem ein völlig neues Musikinstrument vorgestellt wird: das Äolomelodikon, das halb Orgel, halb Klavier ist. Das von dem Zimmermann Karol Brunner gebaute Instrument verfügt über einen solchen Tonumfang, daß es ein

Orgelregister ersetzen könnte. Zar Alexander I. ist begeistert, von dem neuen Instrument ebenso wie vom virtuosen Spiel Frédéric Chopins. Zum Dank schenkt er sowohl Chopin als auch Brunner einen Brillantring. Das Bestreben, den Tonvorrat zu erweitern, ungewöhnliche Töne zu erzeugen, führt zu einer ganzen Reihe von Erfindungen. Die einen setzen auf zylindrische Formen, die andern auf blasebalgähnliche, wieder andere auf Blechhörner in den unterschiedlichsten Variationen. Das Ergebnis allerdings erinnert zuweilen an eine »kreischende Klarinette« oder an das »brüllende Schmettern von Trompeten, Hörnern und Posaunen zusammengenommen«, wie Chopin einmal feststellte.

Ein gewisser J. F. Hoffmann, Professor an der Warschauer Universität, entwickelt nach dem Prinzip des Äolomelodikons ein Choraleon. Józef Dlugosz, ein Warschauer Klavierbauer, tüftelt Pläne für ein Äolopantalon aus, das in der Lage sein soll, alle Instrumente eines Orchesters gleichzeitig nachzuahmen. Einzig Pantaleon Hebenstreit gelang es bereits Ende des 17. Jahrhunderts mit dem Pantalon, möglicherweise einem Vorläufer des Hammerklaviers, seinen Namen – zumindest seinen Vornamen – zu verewigen. In erster Linie aber dienen diese neuen Instrumente als Vorwand für gesellschaftliche Einladungen.

Ungeachtet der Konzerte, die er gibt, und der aufregenden Entdeckung jener absonderlichen, verrückten Erfindungen, besucht Frédéric weiterhin das Warschauer Liceum. Außerdem gilt seine große Leidenschaft nach wie vor dem Komponieren. 1825 wird ein weiteres Werk veröffentlicht, ein *Rondo c-Moll*, das er Luzia Linde, der Frau des Schulleiters, widmet. Eine von Rossinis *Barbier von Sevilla* inspirierte

*Polonaise* ist ebenfalls in Arbeit. Schwester Ludwika läßt sich ihrerseits von den Tänzen Masowiens zur Komposition eines *Masur* anregen, den Chopin als lebhaft, hübsch und ausgezeichnet beurteilt.

Im Herbst wird er zum Schulorganisten ernannt. Darüber hinaus spielt er von nun an jeden Sonntag während des Schülergottesdienstes in der Kirche des Visitandinnenordens, was ihn zur »zweitwichtigsten Person gleich nach dem Herrn Pfarrer« macht, wie er sich in einem Brief an Jan

*1829 kommt Chopin auf der Fahrt nach Wien auch durch Krakau. Er sieht sich die Stadt und die umliegende Gegend an, bewundert die Überreste der einstigen Pracht des polnischen Reichs und besucht die Jagiellonische Bibliothek, wo er sich mit seinen Reisekameraden ins Goldene Buch einträgt.*

Białobłocki vom November 1825 ausdrückt. Der selbstbewußte 15jährige scheint nicht im mindesten beeindruckt von der barocken Erhabenheit der Kirche, und so dauert es nicht lange, bis es zu Meinungsverschiedenheiten zwischen ihm und dem hauptamtlichen Organisten, Bialecki, kommt. In seinen Erinnerungen an Chopin schreibt Eugeniusz Skrodzki Wiclislaw, Bialecki habe sich an der Orgel bewegt »wie ein Pferd in einer Traubenmühle«, und es habe viele gegeben, die sein »erbärmlich monotones, stümperhaftes Geklimper« unerträglich gefunden hätten. Zuweilen habe er so fürchterlich falsch gespielt, daß Frédéric ihn fast gewaltsam weggestoßen, seinen Platz an der Orgel eingenommen und gespielt oder manchmal gar improvisiert habe, ohne Rücksicht auf den Pfarrer, der gerade die Messe las. Aber sein Spiel ist so virtuos, daß man ihn gewähren läßt, was Frédéric zu der spöttischen Bemerkung veranlaßt: »Was für ein wichtiger Mann bin ich doch geworden!«

QUIS CONTRA

### »Ich besuche das Liceum nicht mehr«

Frédéric geht ohne Abschluß vom Liceum ab und besucht vom Herbst 1826 an das Warschauer Konservatorium, dessen Rektor Józef Elsner ist. Wozu, so sagt er sich, das Abitur ablegen und damit ein Jahr verlieren, wo doch die Musik sein Leben ist? In einem vom 2. November 1826 datierten Brief teilt er seinem Freund Jan Białobłocki seinen Entschluß mit, das Liceum nicht mehr zu besuchen. »Es wäre nämlich eine Torheit, sechs Stunden am Tag sitzen zu müssen, wenn mir doch die deutschen und die deutsch-polnischen Doktoren soviel Bewegung wie möglich verordnet haben; es wäre doch Torheit, zum zweitenmal dasselbe zu hören, wenn man unterdessen etwas anderes in diesem Jahr lernen kann. Aus diesem Grunde studiere ich bei Elsner reinen Kontrapunkt, sechs Stunden in der Woche; ich höre Brodzinski, Bentkowski und andere, in irgendeinem Zusammenhang mit der Musik stehende Sachen« (*Briefe*). Chopin besucht also nicht nur das Konservatorium, sondern auch Vorlesungen an der Universität. Feliks Jan Bentkowski, Historiker und Philologe, liest Geschichte. Bei dem für seine volkstümlichen Balladen berühmten Dichter und Kritiker Kasimierz Brodzinski hört Chopin polnische Literaturgeschichte; er ist es auch, der den jungen Komponisten mit der Romantik bekannt macht: »Laß das Gefühl dein Grundsatz sein.« Der Künstler, so fordert er, solle der Inspiration den Vorzug geben und sich von überkommenen Vorstellungen und Formalismen lösen; es sei wichtig, seinen Gefühlen erst freien Lauf zu lassen, um sie dann kaltblütig beiseite zu schieben und Korrekturen einzubringen, am Text zu feilen, dem Werk den letzten Schliff zu verleihen. Seine Studenten werden später über ihn sagen, man sei zu ihm gegangen wie zu einem guten Freund und habe den Hörsaal zu Tränen gerührt wieder verlassen.

Sooft sich die Möglichkeit bietet, besucht der junge Chopin ein Konzert. Durch fleißiges, unermüdliches Üben eignet

*Henryk Siemiradzki*, Chopin im Salon Fürst Radziwiłłs im Herbst 1829, *1887*.

Links:
*Im Naturpark Ojców unweit von Krakau findet man heute noch die traditionellen, reichverzierten Holzhäuser. Vielleicht hat der durchnäßte Chopin in dem hier abgebildeten Zuflucht gefunden, als sein Wagen bei einem Ausflug in die Umgebung Krakaus vom Weg abkam und in einen Bach fuhr.*

Unten:
*Auf ärztlichen Rat bringen die Chopins im Sommer 1826 Tochter Emilia zur Kur ins schlesische Bad Reinerz. Ludwika und Frédéric fahren ebenfalls mit. Der Tagesablauf ist minutiös festgelegt und*

*der Aufenthalt ausgesprochen langweilig. Frédéric macht zuweilen einen Ausflug in die ihn faszinierenden Berge rings um das Kurbad.*
Sammlung Salonick Chopinow, Palais Krasiński, Warschau.

er sich eine Technik an, die seiner Phantasie keine Grenzen mehr setzt und seine Kreativität auf noch kühnere, noch originellere Pfade lenkt. Die polnische Volksmusik dient ihm nach wie vor als Quelle der Inspiration für seine Mazurken und Rondos. Ihre vorgebliche Schlichtheit, ihre Raffinesse, die Kühnheit der zum Teil bewußt einförmigen Harmonien, der sich wiederholende Rhythmus und die Reichhaltigkeit in der Durchführung der Themen begeistern seine Lehrer, die ihm einhellig eine »besondere Befähigung« bescheinigen.

Als Chopins Schwester Emilia, die schon immer von zarter Gesundheit war, erkrankt, hat Frédéric jedoch ganz andere Sorgen als seine Musik. Emilia leidet an einem hartnäckigen Husten und spuckt Blut. Wilhelm Malcz, der Hausarzt der Familie, den die Mutter sogleich gerufen hat, verschreibt Aderlässe, Blutegel, Zugpflaster und Senfpackungen, aber nichts von alledem hilft. Emilia kann keine Nahrung mehr zu sich nehmen, magert ab und ist bald nur noch ein Schatten ihrer selbst. Mitte März 1827 scheint sich ihr Zustand indes zu stabilisieren, und Frédéric teilt Jan Białobłocki erleichtert mit, daß es der Schwester endlich ein bißchen bessergehe. Doch die Hoffnung auf völlige Genesung währt nicht lange. Emilias Gesundheitszustand verschlechtert sich wieder. Sie stirbt am 10. April 1827 im Alter von nur 14 Jahren.

Der Schmerz über den Tod der Tochter ist so groß, daß die Chopins nicht länger in der Wohnung bleiben wollen, in der ihr geliebtes Kind gestorben ist. Als das Schuljahr zu Ende ist, ziehen sie in eine kleine Wohnung im zweiten Stock des Gesindegebäudes des Palais Krasiński, das sich in

derselben Straße wie das Kazimirpalais befindet. Noch im selben Jahr schließen sie ihre 17 Jahre zuvor gegründete Pension. Auf dem Dachboden des Hauses ist ein Zimmer frei, das Frédéric bekommt. Ein eigenes Zimmer! Für den 16jährigen geht ein Traum in Erfüllung. Am 27. Dezember 1828 schreibt er Tytus Woyciechowski, einem seiner engsten Freunde: »Oben in unserem Hause ist zu meiner Bequemlichkeit schon ein Zimmer eingerichtet, zu dem eine Treppe aus der kleinen Garderobe führt. Dort werde ich ein altes Klavier und einen alten Schreibtisch haben, und dieser Winkel wird mein Obdach sein« *(Friedrich Chopins gesammelte Briefe)*. Ein paar Monate später beschreibt er dem Freund die Einrichtung, die vielen Regale, die Schubladen, die Notenblätter, die zu Hunderten auf dem Klavier herumliegen.

»Ich reise heute Abend um sieben Uhr per Diligence ins Posensche«
(Chopin an T. Woyciechowski, 20. Oktober 1829)

Nachdem die Familie umgezogen ist und Frédéric sich in seiner Kammer eingerichtet hat, entschließt er sich zu einem Besuch bei seiner Taufpatin Anna Skarbek auf Gut Strzyzewo. Von dort fährt er weiter nach Antonin, wo Fürst Antoni Radziwiłł ein Jagdschlößchen besitzt. In den Jahren 1826 bis 1829 ist er mehrmals in dem ganz versteckt im Wald liegenden Anwesen zu Gast. Er fühlt sich ausgesprochen wohl dort, wie er Tytus Woyciechowski versichert: »Was meine Person anbetrifft und die Unterhaltung, so hätte ich dort sitzen mögen, bis man mich fortgejagt hätte, aber meine Interessen und insbesondere mein noch nicht vollendetes, aber voller Ungeduld der Beendigung seines Finales harrendes Konzert haben mich dazu gedrängt, dieses Paradies zu verlassen.« (Brief vom 14. November 1829. *Briefe*)

Fürst Antoni Radziwiłł, Statthalter von Posen, stammt aus einer Familie ausgesprochener Musik- und Kunstliebhaber. Der mit Beethoven befreundete Aristokrat studiert Komposition und Cello und hat einen wunderschönen Tenor. Da er auch ein begeisterter Jäger ist, kommt er jedes Jahr aus Posen oder Berlin nach Antonin südlich von Kalisch (Kalisz), wo er sich inmitten ausgedehnter Wälder, in denen es reichlich Wild gibt – Wildschweine, Hirsche, Rehe, Wölfe –, sein Jagdschlößchen bauen läßt. Von mehreren Entwürfen, die ihm vorgelegt werden, gefällt ihm der des Berliner Baumeisters Karl Friedrich Schinkel am besten, weil er sich durch Eleganz und Originalität auszeichnet. So entsteht zwischen 1821 und 1826 auf einer Lichtung das kühne, achteckige Gebäude. Ganz aus Holz erbaut, ist es rings um einen säulenförmigen Kamin angeordnet, der den Eindruck erweckt, als ob er das gesamte Bauwerk trüge. Galerien, von denen man in die Schlafzimmer gelangt, laufen rings um den riesengroßen, durch zwei Feuerstellen beheizbaren Salon herum. Hier, im Mittelpunkt des Hauses, trifft man sich mit Freunden und Gästen zum geselligen Beisammensein, zum Kartenspiel und zum Plaudern. Vier ungewöhnlich gestaltete Pavillons schmiegen sich um den fahlgelben Kamin wie Blütenblätter um einen Stempel. Im Erdgeschoß zur Rechten befinden sich die Gemächer des Fürsten, linker Hand jene seiner Gattin Louise, gegenüber dem Eingang jene ihrer Tochter Eliza, und in den oberen Stockwerken liegen die Gästezimmer. Die Ausstattung des fürstlichen Domizils ist luxuriös bis ins letzte Detail.

Seite 30 und links:
*Über den Krakowskie Przedmiescie, jene Straße, in der die Familie Chopin wohnte, gelangt man in die Warschauer Altstadt mit Johanneskathedrale, Sigismundsäule und Königsschloß. Hier liegen auch die Cafés, in denen Chopin ein häufiger Gast war und wo sich gepflegt-mondäne Unterhaltungen mit hitzigen politischen Debatten abwechselten. Was Chopin hier hörte, sollte ihn, der sehr empfindsam auf die seiner Heimat zugefügten Qualen und Demütigungen reagierte, für alle Zeit prägen.*

# ERSTE REISEN

*»Ich hoffe, daß Gott mir beistehen wird – seid unbesorgt.«*

Chopin fühlt sich bereits seit einiger Zeit eingeengt in Warschau und brennt darauf, aus der Stadt herauszukommen. 1828 bietet sich dem 18jährigen die Gelegenheit dazu: Ein Freund der Familie, Professor Jarocki, der an der Warschauer Universität Zoologie lehrt, lädt den jungen Mann ein, ihn nach Berlin zu begleiten, wo er an einem naturwissenschaftlichen Kongreß teilnehmen wird. Zwei Wochen hält sich Chopin in Berlin auf. Obwohl er sich mehr von der Reise versprochen hat, zeigt er sich beeindruckt von der Stadt: »(Berlin) ist zu gewaltig für die Deutschen, wie es scheint, es könnte mit Leichtigkeit doppelt so viele Bewohner beherbergen.« (Brief an die Familie vom 16. September 1828. *Briefe*) Nicht alle Konzerte und Opern, die er besucht, gefallen ihm, aber er ist begeistert von den alten Meistern wie Georg Friedrich Händel, dessen Oratorium *Cäcilien-Ode* er sich anhört. Sie entspreche am ehesten seinem Ideal von Musik, schreibt er den Seinen nach Hause. Im selben Brief gesteht er seine Schüchternheit ein: »Spontini, Zelter, Mendelssohn habe ich gesehen, habe mich aber mit keinem von ihnen unterhalten, denn ich wagte nicht, mich ihnen selbst vorzustellen.« (Brief vom 20. September 1828. *Briefe*) Chopin

UNTEN:
*Mozarts* Zauberflöte, *eines der bedeutendsten Werke des großen Komponisten (in Frankreich war die Oper zunächst unter dem Titel* Les Mystères d'Isis *bekannt), entdeckte Chopin bereits um das Jahr 1816 herum. Das Werk vereint Philosophie und irdische Freuden und spricht wie Chopins Musik sowohl die Sinne als auch die Seele an.*

RECHTS:
*In Wien, das noch ganz von Mozarts Musik erfüllt war, wandelte Chopin auf den Spuren des großen Meisters und kam dabei auch am »Figarohaus« hinter dem Stephansdom vorbei. Hier, in einer wunderschönen Wohnung im ersten Stock, wohnte Mozart von 1784 bis 1787, und hier hat er auch* Figaros Hochzeit *komponiert.*

kommt sich verloren vor. Zum erstenmal verspürt er die Bitterkeit des Emigranten, ein Gefühl, das den brennenden Wunsch nach Anerkennung weckt, das Bedürfnis, sich einen Platz unter den großen europäischen Komponisten und Pianisten zu erobern. Die triumphale Rückkehr in die Heimat entschädigt ihn mit schönen Erinnerungen an die Reise. In Posen wird er von Erzbischof Wolicki empfangen, der voll des Lobes über ihn ist, und in der Herberge in Cylichowo, wo er während des Pferdewechsels spielt, hat er ein zwar nur bescheidenes, aber äußerst dankbares Publikum.

1829 wird aus Chopins Traum von Ruhm und Karriere allmählich Wirklichkeit. Nach Abschluß des Warschauer Konservatoriums fühlt er sich kräftig genug für eine weitere Reise. Ziel soll dieses Mal Wien sein, wo er vielleicht Kontakte zu einflußreichen Leuten der Musikwelt knüpfen, die nötige Aufmerksamkeit erregen und sich einen Namen machen kann. Mikolaj Chopin wendet sich an den Minister für das Schulwesen und bittet um einen Zuschuß für die geplante Studienreise seines Sohnes. Als der Antrag abgelehnt wird, beschließen die Eltern, die nötigen Mittel selbst aufzubringen. Allerdings wird der Aufenthalt in Wien jetzt etwas kürzer ausfallen müssen.

Chopin ist beklommen zumute, als er im Juli 1829 in die Kutsche nach Wien steigt. Was wird ihn erwarten? Wie wird man ihn empfangen? Zweifel quälen ihn. Bereits im vorigen Sommer hat er dem Musikverleger Tobias Haslinger seine *Variationen über Là ci darem la mano* aus Mozarts *Don Giovanni* geschickt, aber nie eine Antwort bekommen. Sollte dieser ihn für einen kümmerlichen Komponisten halten?

Am 31. Juli kommt er in Wien an. Er eilt sogleich zum Kärntnertortheater, wo Wilhelm Würfel, sein alter Lehrer, Dirigent ist (und außerdem stellvertretender Direktor des Kaiserlich-königlichen Theaters). Dank Würfel wird er herzlich in die kleine polnische »Kolonie« aufgenommen, was ihm ein Gefühl der Geborgenheit in der Fremde verleiht. Außerdem ist da die Oper, wo er zahlreiche Aufführungen französischer Komponisten besucht, die gerade groß in Mode sind.

Irgendwann faßt er sich ein Herz und sucht Tobias Haslinger auf, den renommiertesten Musikverleger Wiens, wenn

nicht ganz Europas. Als die Unterhaltung nach wenigen Minuten beendet scheint, weil Haslinger die Kompositionen des jungen Unbekannten, eines Polen obendrein, wo es doch genügend einheimische Talente gibt, sich nicht einmal angesehen hat, setzt sich Chopin kurzerhand ans Klavier und beginnt seine *Variationen* zu spielen. Haslinger reagiert im ersten Moment ungehalten. Sein Unmut weicht aber rasch tiefer Verlegenheit. Professor Elsner hatte sich nicht geirrt: Chopin ist ein »musikalisches Genie«. Der Verleger erkennt nicht nur das Talent des jungen Mannes, dem er eine glänzende Karriere voraussagt, sondern auch, welchen Erfolg dies für ihn selbst bedeuten wird, wenn er ihn unter Vertrag nimmt. Wie könnte sich Chopin dem Wiener Publikum besser vorstellen als durch ein Konzert? Obgleich er sich nichts sehnlicher wünscht, versetzt ihn der Gedanke an einen öffentlichen Auftritt in solche Panik, daß er rundweg ablehnt. Freunde und Bekannte versuchen ihn umzustimmen. »(…) wer mich auch hört«, schreibt Chopin den Seinen, »rät mir zu spielen, und Würfel fügte (…) hinzu, (…) jetzt sei die günstigste Zeit, denn die Wiener lechzten nach neuer Musik.« (Brief vom 8. August 1829. *Briefe*)

Zu guter Letzt läßt er sich überreden. Geld wird er allerdings weder für seinen Auftritt noch für die Veröffentlichung seines Werks sehen. Aber dafür hat er immerhin die erste Sprosse auf der Leiter des Ruhms und Erfolgs erklommen. Am 11. August 1829 bringt Wien dem jungen, als Friedrich Chopin angekündigten Pianisten seine ersten Ovationen dar. Anderntags schreibt er an die Familie: »(…) nach dem Abspielen einer jeden Variation gab es solchen Beifall, daß ich das Orchester nicht hörte.« Die Deutschen wüßten seine Leistung zu schätzen, fügt er hinzu. Und: »Sorgt Euch nicht um meine Person und um meinen Ruhm.« (Brief vom 12. August 1829. *Briefe*)

Letzteren festigt er mit seinem zweiten Konzert am 18. August. Von nun an wird sein Name im gleichen Atemzug mit Schubert und Beethoven genannt, und er zählt zu den »strahlendsten Sternen am Musikhimmel« (T. A. Zieliński, *Chopin*). Aus dem jungen Unbekannten ist über Nacht eine Berühmtheit geworden.

Die Rückreise verläuft wie im Traum. Chopin macht Zwischenstation in Prag, wo am 29. Oktober 1787 Mozarts *Don Giovanni* uraufgeführt worden war. Er trifft mit den Komponisten F.W. Pixis und A.A. Klengel zusammen. Wie Klengel ist auch Chopin ein großer Bewunderer Mozarts und seiner Musik, der alles Eitle, Affektierte fehlt – womit die meisten Salonpianisten ihre Interpretationen überfrachten. Wieder zu Hause in Warschau, zieht Chopin die Bilanz aus dieser zweiten Reise: Seine Schüchternheit hat er zwar nicht gänzlich abgelegt, aber zumindest überwunden, und er hat innerhalb weniger Tage die Erfahrungen von Jahren gesammelt, die es nun auszuwerten gilt.

*Der Terrenasaal im Deutschordenshaus in Wien scheint heute noch vom gesellschaftlichen Leben des 18. Jahrhunderts und von Mozarts Wutausbrüchen gegen Fürsterzbischof Graf Colloredo widerzuhallen.*

UNTEN:
*Porträt der Wanda Radziwiłł.* Schloß Ruhberg. *Chopin spielte der Tochter Fürst Radziwiłłs mehrmals täglich seine* Polonaise f-Moll *(op. 71, Nr. 3) vor. Die Introduktion ist düster, launenhaft, konzentriert, beinah beklemmend; die Begleitstimme ist kurz. Die a-Moll-Tonalität, die den Mittelteil beherrscht, löst die bedrückende Atmosphäre allmählich auf. Die schöne Wanda hat nur auf diese Passage gewartet, deren Oberflächlichkeit, Schwatzhaftigkeit etwas Beruhigendes hatte, etwas, das den schamhaft verschwiegenen Aufruhr in ihrem*

*Innern besänftigte. Für ihren musikbegeisterten Vater komponierte Chopin eine* Alla polacca. *Die verträumte Melodie war eher nach dem Geschmack des Gluck-Liebhabers, der selbst bisweilen komponierte und dabei ein erstaunliches Talent bewies.*

Zur Jagdzeit werden rings um das Schlößchen Baldachine und Sonnensegel aufgespannt und große Zelte errichtet. Hier versammelt sich die Jagdgesellschaft, wartet die aufgeregt bellende Meute, wird die Strecke ausgelegt. Morgens wird gejagt, abends musiziert. Frédéric verbringt die Zeit wie gewohnt am Klavier. So komponiert er eine *Alla polacca* und vollendet eine *Polonaise für Violoncello und Klavier*, die er seinem Gastgeber widmet. »Nichts außer Blendwerk darin, für den Salon, für die Damen«, lautet sein eigenes bescheidenes Urteil (Brief an Tytus Woyciechowski vom 14. November 1829. *Briefe*). Im selben Brief erwähnt er, daß Fürst Radziwiłł ihn mit Goethes *Faust* vertraut gemacht habe: »(...) er zeigte mir seinen *Faust*, und ich fand viele Dinge, die so gut durchdacht, sogar genial waren, wie ich sie vom Statthalter nie erwartet hätte.«

Chopin schildert dem Freund seine Begegnungen mit den ungewöhnlichen Leuten, die sich an diesem magischen Ort ein Stelldichein geben. Die alte Fürstin etwa beeindruckt ihn durch ihr herzliches Wesen, ihre Menschlichkeit: »(Sie) weiß, daß nicht die Geburt einen zum Menschen macht, und so verpflichtet sie mich dermaßen durch ihr Benehmen, daß es unmöglich ist, sie nicht zu lieben.« Außerdem entdeckt er »zwei Evas«: die Töchter des Fürsten, »außerordentlich höfliche und gute, musikalische, feinfühlige Wesen«. Prinzessin Eliza fertigt zwei Porträts von ihm an, die, »wie allgemein behauptet wurde, sehr ähnlich« sind. Ihrer Schwester Wanda erteilt er Klavierunterricht. Sie möchte die *Polonaise* lernen, die er gerade komponiert hat, und Frédéric kommt ihrem Wunsch mit Vergnügen nach: »Ein junges Ding, siebzehn Jahre alt, hübsch, und es war fürwahr recht angenehm, ihr die Fingerchen zu stellen.« (Brief an Tytus Woyciechowski vom 14. November 1829. *Briefe*)

## »ICH HABE MEIN IDEAL GEFUNDEN«

»(...) ich habe schon, vielleicht zu meinem Unglück, mein Ideal, dem ich treu diene, (...) von dem ich träume, zu dessen Gedenken das Adagio in meinem Konzert entstanden ist, das mir diesen Walzer heute früh inspiriert

VORHERGEHENDE DOPPELSEITE:
*Violoncello und das Buchholtz-Piano aus dem Jagdschloß des Fürsten Radziwiłł. Die Instrumente sind im Museum der Musikinstrumente in Poznań zu besichtigen. Auf diesem Klavier spielte Chopin der schönen Wanda seine aufwühlende Musik vor.*

RECHTS OBEN:
*Die vor Einfallsreichtum nur so strotzende Ouvertüre zu den* Variationen über Là ci darem la mano für Klavier und Orchester B-Dur *(op. 2) aus Mozarts* Don Giovanni *weist auf das Thema voraus und endet in einem grandiosen Finale.*

RECHTS:
*Porträt der Konstancja Gładkowska* (ehemalige Sammlung E. Ganch). *Sein »Ideal« inspirierte ihn zu seinem* Walzer Des-Dur. *Für Konstancja überwindet er die Konventionen der Salonkomposition und führt Anmut und Erhabenheit ein. Indem er zwischen Dur und Moll wechselt, Dissonanzen, eine abwechslungsreiche Chromatik sowie die kräftige Klangfülle der Quarten und Quinten einsetzt, versteht er Zärtlichkeit und eine fast überirdische Freude zu wecken.*

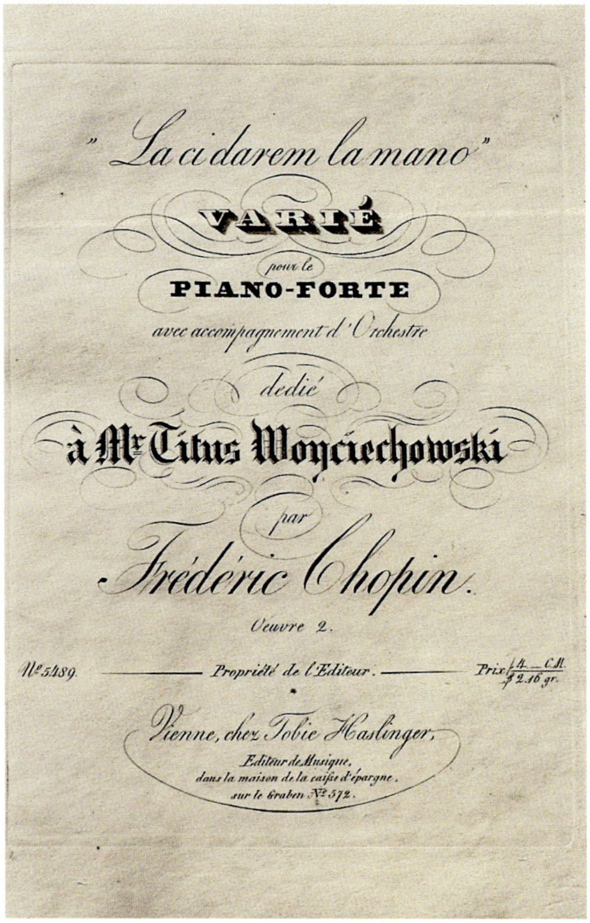


Er weiß seine Gefühle für sie gut zu verbergen und läßt seine Umgebung in dem Glauben, der Grund für seine Traurigkeit und seine Melancholie sei ein ganz anderer, nämlich die unerwiderte Liebe zu Alexandrine de Moriolles, ebenfalls Schülerin am Konservatorium. Dem Freund Woyciechowski gesteht Chopin jedoch, daß Alexandrine lediglich »der Deckmantel der verborgenen Gefühle« (Brief vom 15. Mai 1830. *Friedrich Chopins gesammelte Briefe*) ist. Es ist Konstancja, die er glühend verehrt: »(…) Konst … (ich kann nicht einmal den Namen schreiben, meine Hand ist unwürdig)«, bekennt er in einem Brief an Jan Matuszyński vom 26. Dezember 1830. *(Briefe)* Konstancja Gładkowska wird nie etwas anderes für ihn sein als das romantisch verklärte, aus der Ferne schwärmerisch verehrte Ideal der Geliebten.

Und doch fühlt er sich zur gleichen Zeit auch zu einer anderen hingezogen, der Sängerin Henriette Sontag, die »mit ihrer Stimme (alle bezaubert)« (Brief an Tytus Woyciechowski vom 5. Juni 1830. *Briefe*). Fürst Radziwiłł macht die beiden miteinander bekannt. Chopin sucht sie sogar in ihrer Wohnung auf, weil »sie verlangte, mich wegen eines Gesanges zu sehen, den Radziwiłł für sie arrangiert und mir zum Abschreiben aufgetragen hatte«, wie er dem Freund in seinem hat, den ich Dir schicke. Davon weiß niemand außer Dir. (…). Im Trio soll die Baßmelodie bis zum oberen Es der Violine im fünften Takt dominieren, was ich Dir nicht zu schreiben brauchte, weil Du das fühlst.« (Brief an Tytus Woyciechowski vom 3. Oktober 1829. *Briefe*)

Tytus Woyciechowski ist der erste, der von Chopins Liebe zu Konstancja Gładkowska erfährt. Seit er sie kennt, existiert keine andere Frau mehr für ihn. Dabei hat er nie auch nur ein Wort mit ihr gewechselt. Sie studiert ebenfalls am Konservatorium, wo er ihr fast täglich begegnet. Sie ist die Muse, die ihn inspiriert. Ihr idealisiertes Bild ermöglicht es ihm, sein Werk zu transzendieren: Sie entfacht das Feuer der Kreativität in ihm, an ihr entzündet sich seine Phantasie.

LINKS:
Das Große Theater und der Theaterplatz in Warschau, *1840.*

UNTEN:
*Porträt der Henriette Sontag.* Sammlung Rigal. *Die 1806 geborene Henriette Sontag ist wie Chopin dafür geschaffen, zu verführen und zu erobern. Ihr schauspielerisches Talent ist eher mittelmäßig, aber sie*

*bezaubert durch ihre außergewöhnliche Schönheit und durch ihre einzigartige Stimme. Durch ihren emotionalen Vortrag bereitet sie den Ausdrucksformen der Romantik den Weg in der Welt der Lyrik.*

Brief erzählt. Sie empfängt ihn im Schlafzimmer auf dem Kanapee, und er stellt fest: »Im Morgengewand ist sie millionenmal hübscher und angenehmer als im Galakleid am Abend (…).« Dennoch läßt er sich auf nichts ein mit diesem »Sendboten der Götter«, wie »einige hiesige Enthusiasten sie zu Recht« nennen. Seine Gedanken weilen ganz woanders.

### »Ich denke, dass ich fortreise, um zu sterben«

Im Juli 1830 fährt Chopin nach Poturzyn auf das elterliche Gut seines Freundes Tytus Woyciechowski. Die beiden jungen Männer schmieden Pläne für eine Reise nach Wien und nach Italien. Aber sie sind unentschlossen, Zweifel und Ängste plagen sie. Sollen sie die Heimat verlassen? Oder doch lieber bleiben? Nach Überzeugung aller ist der Ruhm jedoch nur anderswo zu holen. Im Herbst 1830 schreibt Chopin daher einen verzweifelten Brief an Woyciechowski. Darin heißt es unter anderem, daß er das ungute Gefühl habe, Warschau für immer zu verlassen. »Ich denke, daß ich fortreise, um zu sterben – und wie trostlos muß es sein, woanders zu sterben, nicht dort, wo man gelebt hat. Wie schrecklich wird es mir sein, statt der Familie einen kaltherzigen Doktor oder einen Diener an meinem Sterbebett zu sehen.« (Brief vom 4. September 1830. *Briefe*)

Zu guter Letzt ringt er sich zu einem Entschluß durch: Er wird fahren. Als Reisetermin wird der 2. November festgesetzt. Die Koffer werden gepackt, die Notenhefte fein säuberlich aufgeräumt, Wäsche und Kleidung in Ordnung gebracht. Einen Paß für Italien oder Frankreich zu bekommen scheint aussichtslos: Die französische Juli-Revolution durchkreuzt seine Pläne. Als letzte Hoffnung bleiben Österreich, Preußen oder England, wo die Grenzen allem Anschein nach noch offen sind. Doch dann brechen in Berlin Unruhen aus und greifen auf ganz Deutschland über. Mikolaj Chopin versucht daraufhin, seinen Sohn zu überreden, die Abreise zu verschieben, bis sich die Lage ein wenig entspannt hätte. Aber es beginnt in ganz Europa zu gären, der Ruf des fran-

UNTEN:
*Der polnische Nationaltanz Mazurka (Ausschnitt).*
Bibliothèque nationale, Paris.
*Chopin macht den Volkstanz im Dreivierteltakt aus der Region Masowien sozusagen gesellschaftsfähig. Die Mazurka, die wegen ihrer zahlreichen komplexen Figuren schwierig zu tanzen ist, kann sich zwar nur schwer gegen den Walzer behaupten, zählt aber dennoch zu den beliebtesten musikalischen Gattungen der Romantik.*

RECHTS:
*»Um ewige Ruhmeskränze zu erwerben / Verläßt du alles, was dir teuer ist. / Man kann mehr schätzen dich in fremdem Lande / Dich mehr zu lieben, ist man nicht imstande« (zitiert nach Willi Reich,* Frédéric Chopin. Briefe und Dokumente). *Diese Zeilen schrieb Konstancja Gladkowska am 25. Oktober 1825 Chopin ins Album. Jahre später fügte Chopin, der Emigrant, der Entwurzelte, der zum Franzosen gewordene Pole, ein einziges Wort hinzu:* »Moga« – *man ist es.*

zösischen Volkes nach Freiheit findet überall ein Echo. Was also tun? Ende September schreibt Chopin an seinen Freund Woyciechowski: »Abgesehen von den rheinischen Provinzen, den Sachsen, die schon ebenfalls einen anderen König haben, Braunschweig, Kassel, Darmstadt usw., hörte man, daß auch in Wien ein paar Tausend Menschen wegen des Mehls zu murren begannen. (...) In Tirol haben sie auch rebelliert. Italien gärt nur so, und jeden Augenblick erwartet man neue Nachrichten in dieser Hinsicht (...).« (Brief vom 22. September 1830. *Briefe*) Rußland hält sich zwar noch zurück, macht aber vorsorglich mobil, was in dem durch Personalunion mit Rußland verbundenen Polen tiefe Besorgnis auslöst, da auch die jungen Polen zu den Waffen gerufen werden. Widerstand formiert sich, von Aufruhr ist die Rede. Schlimmes ahnend, ändert Mikolaj Chopin seine Meinung und drängt den Sohn zur baldigen Abreise.

Am 11. Oktober 1830 gibt Chopin im Warschauer Nationaltheater sein Abschiedskonzert vor siebenhundert Zuschauern. »Seine Hoheit«, wie er sich selbstironisch in einem Brief an Tytus Woyciechowski bezeichnet, trägt sein *Klavierkonzert e-Moll* vor, und Konstancja Gładkowska, ganz in Weiß, das Haar mit zarten Rosen bekränzt, singt eine Arie von Rossini, *Oh quante lacrime per te versai.* Im oben erwähnten Brief erzählt Chopin begeistert: »Diesmal habe ich mich selbst verstanden, und das Orchester hat sich verstanden, und das Parkett hat uns begriffen. Diesmal hat erst der letzte Masur lauten Applaus ausgelöst, wonach (der übliche Spaß) ich hervorgerufen worden bin, – nicht ein einziges Mal wurde gezischt, und ich hatte Zeit, mich viermal zu verbeugen, aber nun schon mit Anstand, weil Brandt es mir beigebracht hatte. (...) noch nie, sage ich Dir, (habe ich) mit einem Orchester so ruhig gespielt. Das Klavier soll sehr gefallen haben (...).« Erleichterung und Freude sprechen aus diesen Zeilen. In Gedanken hat er die Stadt jedoch bereits verlassen: »Ich indes denke an nichts mehr, nur noch ans Packen, entweder am Sonnabend oder am Mittwoch breche ich auf, über Krakau.« (Brief vom 12. Oktober 1830. *Briefe*)

Am Abend vor der Abreise geben die Freunde ein Fest für Chopin. Es wird gegessen, getrunken, getanzt. Chopin spielt eigene Kompositionen und polnische Volkstänze. Als die Freunde spätnachts voneinander Abschied nehmen, sind alle fest davon überzeugt, daß sie sich bald wiedersehen werden. Sie vertrauen auf die Zukunft und darauf, daß Polen niemals untergehen wird.

Am 2. November 1830 steigt der Zwanzigjährige in die Kutsche nach Kalisch. Er ist bedrückt, so als ahne er, daß er nie wieder polnischen Boden betreten würde. Auf der Landstraße nach Wola, einem Warschauer Vorort, wird die Kutsche von ein paar übermütigen Studenten und ihrem Professor, Józef Elsner, angehalten. Chopin folgt ihnen in ein Gasthaus, wo sie ihm feierlich eine Silberschale mit polnischer Erde überreichen: »Damit Sie Polen und Ihre Freunde, die stolz darauf sind, Sie ihren Landsmann nennen zu dürfen, die Großes von Ihnen erwarten und deren Wünsche Sie begleiten, niemals vergessen« (zitiert nach É. Ganche, *»Dans le souvenir de Frédéric Chopin«. Mercure de France, Paris 1925*). Dann stimmen sie ein Lied an, das Elsner eigens für diesen Anlaß komponiert hat: »Auf polnischem Boden geboren, zieh hinaus und ernte Ruhm überall ... Durch deine ergreifende Musik, die unser Land verherrlicht, entfache Leidenschaft und erwirb dir Ehre ... Dein Herz aber bleibe bei uns ... Wir wünschen dir von Herzen Erfolg allüberall.« Der Text wurde am 3. November 1830 im *Kuryer Warszawski* abgedruckt.

Einige Tage zuvor hatte der junge Mann schon einmal ein Gedicht erhalten. Konstancja Gładkowska, sein »Ideal«, hatte ihm in ihrer schönsten Schrift zum Abschied ein paar Verse in sein Album geschrieben:

*»Des Schicksals herber Wechsel treibt*
*dich fort / Verzicht ist unser Los. /*
*Vergiß nicht, Unvergeßbarer /*
*Wie sehr in Polen man dich liebt!«*

(Zitiert nach Willi Reich, *Frédéric Chopin. Briefe und Dokumente.*)

# WIEN – LEHRJAHRE ALS EMIGRANT

*»Da ich noch keine gefestigte Reputation habe, staunte man also und fürchtete sich zu staunen; sie wußten nicht, ob die Komposition gut ist oder ob es ihnen nur so scheint.«* (Frédéric Chopin an die Familie, 9. November 1830)

Was mag Chopin durch den Kopf gegangen sein, während sein Wagen dahinrollte und er, zu Tränen gerührt, sich jede Einzelheit der geliebten polnischen Heimat, um die er sich so große Sorgen macht und für die er nichts tun kann, einzuprägen versuchte? Er läßt die Eltern und die Schwestern zurück, denen er in tiefer Zuneigung verbunden ist, er hat, möglicherweise für immer, Abschied genommen von Konstancja Gładkowska, seiner großen, heimlichen Liebe. Aber er fühlt auch eine neue Liebe in sich erstarken: zu Polen, das er sich mächtig und frei wünscht. Das ist auch der Grund, weshalb er sich in den vergangenen Monaten jenen Kreisen angeschlossen hat, die das Joch der Fremdherrschaft und die Demütigung eines aufgeteilten Vaterlands nicht länger hinnehmen wollen. In düstere, schwermütige Gedanken versunken, einsam wie nie zuvor in seinem Leben, starrt er durch das Kutschenfenster auf die Landschaft hinaus.

In Kalisch wartet er voller Ungeduld auf Tytus Woyciechowski, den langjährigen Freund, der ihn in die österreichische Hauptstadt begleiten wird. Endlich trifft er ein, und am

Oben:
*Eliza Radziwiłł,*
Frédéric Chopin.

Links:
*Wird Chopin in den Wiener Adelspalästen mit der gleichen Herzlichkeit empfangen werden wie beim erstenmal?*

UNTEN:
*Das Gartenpalais Belvedere.*

SEITE 45 LINKS:
*Das kaiserliche Palais, die Spanische Hofreitschule und das Theater am Wiener Michaelerplatz.* Bibliothèque nationale, Cabinet des Estampes, Paris. *Das Burgtheater, wo die Tradition des Wiener Singspiels besonders intensiv gepflegt wird, zieht Chopin an wie ein Magnet. Um sich einen Platz leisten zu können, spart er sogar an der Miete.*

SEITE 45 RECHTS:
*In der Wiener Altstadt ist auch heute noch der Geist von Mozart, Schubert und Beethoven lebendig.*

6. November kommen die beiden in Breslau (Wrocław) an, wo sie während ihres kurzen Aufenthalts auch das Theater besuchen und sich eine Opernaufführung ansehen, die Chopin gar nicht gefällt: »Man hat hier keine tüchtigen Sänger«, schreibt er nach Hause (Brief vom 9. November 1830. *Briefe*). Den Kapellmeister Joseph Schnabel, einen alten Freund Elsners, sucht er ebenfalls auf. Er befindet sich gerade mitten in einer Probe, und als Chopin den Saal betritt, bittet er ihn, sich doch ans Klavier zu setzen. Chopin mag ihm die Bitte nicht abschlagen. Hellwig, der Konzertpianist, der an diesem Abend auftreten soll, wird durch Chopins virtuoses Spiel derart entmutigt, daß er von einem Auftritt nichts mehr wissen will. Schnabel gelingt es, Chopin zu überreden, für Hellwig einzuspringen, und die Probe kann fortgesetzt werden. Alle

staunen über das leichte Spiel des jungen Pianisten. Und das Publikum? Es ist irritiert, insbesondere als Chopin ohne Orchesterbegleitung spielt. Man weiß nicht so recht, was man von der ungewohnten neuen Form der Komposition halten soll. Verdient der junge Mann Anerkennung wegen seiner Kühnheit oder Tadel? »Sogar Tytus hörte, wie einer sagte, ›ich könnte spielen, aber nicht komponieren‹«, erzählt Chopin in dem oben erwähnten Brief.

Chopin weiß, daß ihm ein langer, harter Kampf bevorsteht, wenn er nicht nur als brillanter Interpret, sondern auch als Komponist anerkannt werden will. Dies zu erreichen betrachtet er als die Herausforderung seines Lebens.

Von Breslau geht die Reise weiter nach Dresden. Hier macht Chopin eine ganze Reihe interessanter Bekanntschaften, etwa die des Bruders des berühmten italienischen Sängers Giovanni Rubini, mit dem er über Mailand spricht, wohin er zu gehen hofft. Er verkehrt in der kleinen polnischen Kolonie um Marianna Pruszak und lernt Delphine Potocka kennen, die ihn durch ihre strahlende Schönheit bezaubert. Die Nachrichten aus der Heimat, die ihm von seinen Landsleuten zugetragen werden, beunruhigen ihn zutiefst. Ein freudiges Wiedersehen gibt es mit Klengel. Dieser spricht offen mit ihm über die Richtung, die Chopin seiner Ansicht nach seiner Karriere geben sollte. Er versucht ihn von der Wichtigkeit öffentlicher Auftritte zu überzeugen, davon, daß er vor allen Dingen sein Talent nicht vergeuden dürfe; so müsse er sich beispielsweise dagegen wehren, daß Haslinger ihm nichts für die Veröffentlichung seiner Werke bezahle. Auf solche und ähnliche Dinge zu achten gehöre eben auch zum Handwerk.

## »Jetzt bezahl, Bestie!«

Nach einer weiteren kurzen Zwischenstation in Prag treffen die Freunde am Dienstag, dem 23. November 1830, in Wien ein. Die Stadt ist Chopin in angenehmer Erinnerung geblieben, und er ist zuversichtlich, daß er den Erfolg vom Vorjahr, als das Publikum ihm stürmischen Beifall spendete, wiederholen kann. Zunächst gilt es jedoch, eine geeignete Unterkunft zu finden, was sich als recht schwierig herausstellt: Die Hotels sind so teuer, daß die beiden Freunde täglich das Quartier wechseln. Schließlich entdecken sie eine passende Wohnung: »Wir haben in der Hauptstraße, auf dem Kohlmarkt, drei Zimmer gemietet, zwar im dritten Stock, doch reizend, prachtvoll, elegant möbliert, für einen ganzen Monat und für wenig Geld«, schreibt Chopin nach Hause (1. Dezember 1830. *Briefe*). Die Wohnung, nur einen Steinwurf vom Kaiserlich-königlichen Theater entfernt, liegt in einer Nachbarschaft, die Chopin zugesagt haben dürfte: Im Nebenhaus wohnten einst der italienische Dichter Pietro Metastasio, Hofdichter Kaiser Karls VI., und Joseph Haydn. Darüber hinaus zeigt

die Hauswirtin, Baronin Lachmanowicz, viel Sympathie für seine polnische Heimat.

Die verwitwete Baronin ist eine junge, ziemlich hübsche Person, und Chopin legt größten Wert darauf, ihr zu gefallen. Deshalb ist er ganz verzweifelt, als eine Erkältung seine Nase anschwellen läßt und seine Züge entstellt. Dieser Umstand hindert ihn zunächst auch daran, dem Botschafter seine Aufwartung zu machen und gesellschaftliche Kontakte zu knüpfen. Sein erster Besuch führt ihn zu Wilhelm Würfel, seinem alten Lehrer, der ihn, weil krank und schwach, im Bett liegend empfängt. Dennoch plaudern sie ein wenig, und Würfel legt ihm, wie bereits Klengel, dringend nahe, nicht gratis zu spielen. Chopin sucht auch Johann Malfatti auf, den kaiserlichen Hofarzt, der Beethovens Arzt und Vertrauter war. Wie seinen

Rechts oben:
Blick vom Graben in Richtung Kohlmarkt *(Ausschnitte, nach Carl Schütz, 1830).*

Rechts unten:
Die große Allee im Prater mit dem Kaffeehaus, *Wien, um 1820.*

»eigenen Vetter, ganz herzlich und überaus höflich«, habe er ihn empfangen und ihm versprochen, sich bei Hofe für ihn zu verwenden, schreibt Chopin nach Hause. Tobias Haslinger stattet er ebenfalls einen Besuch ab. Der Verleger gibt sich kühl und distanziert. Chopin wundert sich. Ob er denn nicht die *Sonate C-Dur* und die *Variationen über ein deutsches Volkslied (»Der Schweizerbub«) E-Dur* bekommen habe? Gewiß, doch der Erfolg vom Vorjahr lasse sich nicht wiederholen, bekommt er zur Antwort. Die Wiener hätten das Interesse an Chopin verloren und sich anderen virtuosen Interpreten zugewandt. Etwas mit Orchester müsse es schon sein, wenn er einen neuerlichen Versuch der Veröffentlichung wagen wolle – um Gotteslohn, versteht sich. »Vielleicht denkt er sich, ich werde, wenn er zum Schein meine Sachen geringschätzt, dies ernst

Seite 47:
*Das Burgtheater, das sich bis 1888 im Ballhaus befand, gibt es an dieser Stelle nicht mehr, aber die barocke Michaelerkirche steht noch immer an ihrem angestammten Platz.*

nehmen und sie ihm umsonst geben? Das Umsonst hat aber aufgehört, jetzt *bezahl*, Bestie!« (Brief an die Familie, 1. Dezember 1830. *Briefe*)

Dennoch macht sich Chopin keine allzu großen Sorgen. Da er an Selbstsicherheit gewonnen hat und auf sein Talent vertraut, ist er zuversichtlich, die Gunst des Wiener Publikums bald wieder zurückerobern zu können. In der Zwischenzeit entdeckt er ihm bisher unbekannte Werke von Mozart und wird von der Woge der Begeisterung über Rossinis *Wilhelm Tell* mitgerissen, die Wien erfaßt hat.

In Polen, wo bereits vor seiner Abreise die angespannte Ruhe vor dem Sturm herrschte, hat sich die Lage unterdessen dramatisch verschärft. Am 29. November 1830 bricht in Warschau ein Aufstand gegen die russischen Besatzer los. Dieses Aufbäumen wertet Chopin als hoffnungsvolles Zeichen. Er überlegt, was er tun soll. In Wien bleiben oder seine Zukunft, seine Karriere aufs Spiel setzen und in die Heimat zurückkehren, Seite an Seite mit den Seinen den Kampf aufnehmen, alles riskieren und möglicherweise alles verlieren? Aber was könnte er, ohnehin von schwacher Konstitution, schon ausrichten? Tytus Woyciechowski redet ihm die Teilnahme an dem Abenteuer aus: Er wird allein nach Hause fahren. Chopin, der seine Schwäche als Demütigung empfindet, hadert mit seinem Schicksal. Wien erscheint ihm plötzlich nicht mehr als Stadt der Verheißungen. Er wird von Sorgen und Ängsten gepeinigt, von Alpträumen heimgesucht, von Schreckensvisionen geplagt. Seine Phantasie gaukelt ihm die schauerlichsten Bilder vor. Er leidet unter Atemnot, die um so größer zu werden scheint, je bedrängter die Lage in Polen wird. Seine Gedanken weilen in der Heimat bei den Seinen, er leidet mit ihnen, teilt ihre patriotische Begeisterung und hält wie sie nur ein einziges Ziel für erstrebenswert: die Freiheit. Bald bringt man den Namen Chopin mit dem Aufstand in Verbindung: Eine seiner Mazurken mit den rachsüchtigen Worten »Ich hasse euch, Gesindel ...« wird zum Revolutionsgesang. Seinem Freund Tytus soll er den im Sturm der Gefühle geschriebenen Text mitgegeben haben.

Das Leben in Wien kommt ihm schal vor, er findet keinen Geschmack mehr an Vergnügungen und bleibt den Soirees

*Der Wiener Stephansdom. »(Ich) begab mich mutterseelenallein um zwölf langsamen Schrittes zum Sankt-Stephansdom. Als ich eintrat, waren noch keine Menschen da. Nicht zur Andacht, sondern um mir um diese Zeit diesen riesigen Bau anzusehen, blieb ich in der dunkelsten Ecke am Fuße eines gotischen Pfeilers stehen. Die Erhabenheit, die Größe dieser gewaltigen Gewölbe ist unbeschreiblich: Stille herrschte (…). Hinter mir Gräber, unter mir Gräber … nur* über mir *fehlte ein Grab. Eine düstere Harmonie erklang in mir … ich spürte meine Verwaistheit heftiger als je zuvor; ich berauschte mich an diesem großartigen Schauspiel, bis Menschen und Licht hereinzuströmen begannen. Hier nun schlug ich den Mantelkragen hoch, wie so manches Mal, erinnerst Du Dich?, am Krakowskie Przedmiescie, und begab mich zum Musikvortrag in die Kaiserliche Kapelle. (…) Ich hörte mir drei Nummern einer nicht gerade überragenden und dazu verschlafen gespielten Messe an und kehrte dann nach ein Uhr nachts nach Hause zurück, um zu schlafen.« (Brief an Jan Matuszyński, 26. Dezember 1830.* Briefe.)

und Bällen fern, wo die vornehme Gesellschaft tanzt und sich amüsiert. Selbst die zauberhaften Klänge eines Johann Strauß lassen ihn kalt: »Nach jedem Walzer bekommen sie (Johann Strauß und Joseph Lanner) ungeheuren Beifall (...). Das beweist den verdorbenen Geschmack des Wiener Publikums.« (Brief an die Familie vom 22. Dezember 1830. *Briefe*) Österreich, das schließlich die Teilung Polens mitzuverantworten hatte, kann den Aufstand des Volkes nicht billigen. Die Stimmung gegen die Polen im Land ist zwar nicht ausgesprochen feindselig, aber auch nicht gerade freundlich. In einem Gasthaus hört Chopin jemanden sagen: »Der liebe Gott hat einen Fehler gemacht, als er die Polen schuf.« Chopin fühlt sich noch isolierter, noch einsamer in der Fremde. Und auf seine Umgebung muß er einen seltsamen Eindruck machen, dieser Pole, der nicht in die Heimat zu den Seinen zurückkehrt.

Nach der Abreise seines Freundes Woyciechowski zieht er um in eine kleinere, aber behagliche Wohnung im vierten Stock desselben Hauses. Sogar ein Klavier kann er hier aufstellen. »Wie gut fühle ich mich hier im Zimmer«, schreibt er an seine Familie. »Gegenüber das Dach und unten Pygmäen. Ich bin höher als sie! Am besten geht's mir, wenn ich mich auf dem wundervollen Grafschen Piano sattgespielt habe und mit Euren Briefen in der Hand schlafen gehe. Daher sehe ich sogar im Traum nur Euch.« (Brief vom 22. Dezember 1830. *Briefe*)

Seine immense innere Anspannung schlägt sich auch in seinem Werk nieder. Dem Piano ringt er eine *Polonaise Ges-Dur* ab. Die Tremolos der tiefen Oktaven sind die Trommelwirbel auf den Schlachtfeldern und das Grollen der Geschütze. Die düsteren Akkorde der Kartätsche vermischen sich mit den Schreien der Verwundeten und der Sterbenden. Dann der Angriff der Tapferen, die Tragödie nimmt ihren Lauf, und die entfesselte Musik tobt in einer Lautstärke, wie Chopin selbst sie niemals zustande bringen könnte. Er glaubt sogar in Warschau, wo er sein Herz gelassen hat, noch gehört zu werden. Ausdruck seiner Verzweiflung ist auch die Vertonung der düsteren Verse des Dichters Stefan Witwicki: *»Dort, wo meine Quelle ist / Weint eine Mutter / Die sieben Töchter geboren / Die sieben Töchter beerdigt hat / Unter den Obstbäumen liegen sie begraben / Mit dem Gesicht gen Osten. / Jetzt empfängt sie ihre Geister / Will wissen, ob sie es behaglich haben / Und befeuchtet ihre Gräber / Ein trauriges Lied auf den Lippen.«*

Danach erst fährt er mit der Arbeit an seinen anderen Werken fort, etwa der *Grande Polonaise brillante Es-Dur für Klavier und Orchester* und ihrem *Andante spianato*.

Konstancja Gładkowskas Bild steigt wieder vor ihm auf. Sie kann »wenigstens mit Charpiezupfen nützlich sein«, so wie seine Schwestern Ludwika und Izabela auch. (Charpie oder Scharpie ist zerzupfte Leinwand, die früher als Verbandsmaterial benutzt wurde.) Ihm hingegen bleibt nichts anderes, als seine Liebe zu seinem »Friedensengel« zu beschwören, wie er Konstancja in einem Brief an Jan Matuszyński nennt, und zu klagen: »Ich verfluche den Augenblick meiner Abreise.« (Brief vom 26. Dezember 1830. *Briefe*)

## »In der dunkelsten Ecke«

Sein Heimweh bekämpft Chopin, indem er noch stärker als bisher die Nähe seiner polnischen Landsleute sucht. Als Weih-

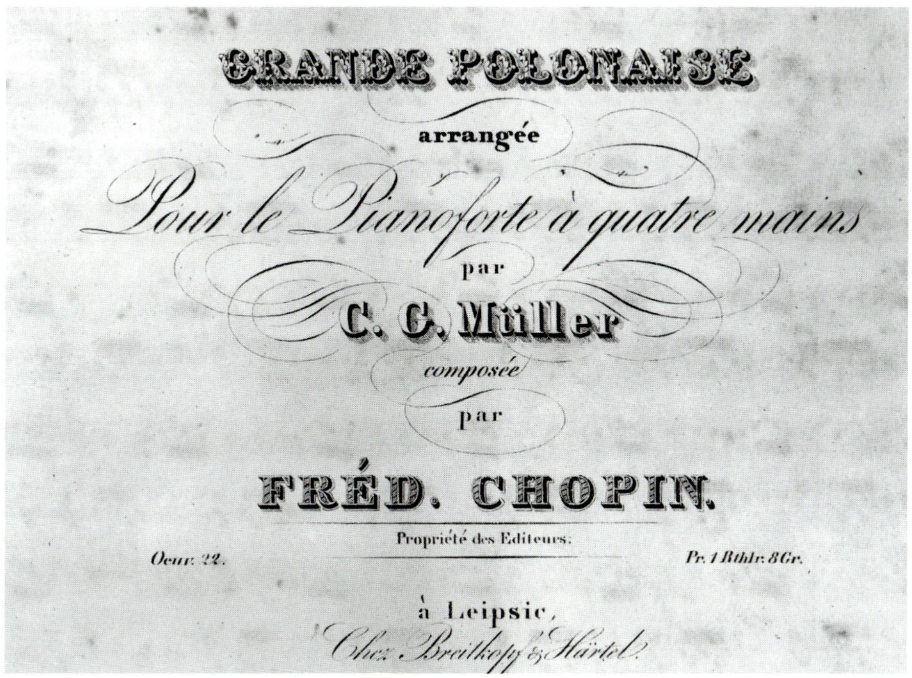

SEITE 49:
*Titelblatt einer Ausgabe der* Grande Polonaise brillante Es-Dur für Klavier und Orchester, *op. 22 (1830–1835). Dieses Werk kennzeichnet das Ende des sogenannten »Stile brillante« der ersten großen Kompositionen für Klavier mit Orchesterbegleitung. Die* Polonaise *vermittelt das Gefühl einer inneren Zufriedenheit, und die Verwendung von Dissonanzen weckt den Eindruck einer gewissen Launenhaftigkeit. Das später komponierte* Andante spianato, *das Chopin 1834 in Paris der* Polonaise *voranstellte, beginnt träumerisch, fast verschlafen; erst die energischen Akzente des Orchesters durchbrechen die Eintönigkeit und ebnen den Weg für die* Grande Polonaise.

RECHTS:
*Die nach dem Vorbild französischer Parks angelegten Gärten des Wiener Schlosses Belvedere laden zum genußvollen Verweilen ein.*

nachten naht, empfindet Chopin die Gegenwart der Freunde wider Erwarten nicht als Trost, sondern als Belastung. Was soll aus ihnen allen werden, was aus Polen? »Wehmütig, dumpf, düster ist es mir ums Herz«, schreibt er an Jan Matuszyński (Brief vom 26. Dezember 1830. *Briefe*). Diese Stimmung klingt in einem Werk nach, das er 1831 zu komponieren beginnt: dem überaus komplexen *Scherzo Nr. 1 h-Moll,* das im Mittelteil das Thema eines polnischen Weihnachtsliedes zitiert und eine ungeheure innere Anspannung verrät, ganz so, als ob Chopin in Polen weilte und die Angst, das Aufbegehren und den Haß am eigenen Leib verspürte. Fast unbewußt schafft er ein neues musikalisches Klima und ebnet der Ausdrucksform der Romantik den Weg. Er bringt Licht in die »dunkelste Ecke« (aus dem oben erwähnten Brief an Jan Matuszyński) und trägt die Revolution in die Musik hinein. Seine Komposition beweist, daß er gereift ist und seine Naivität weitgehend abgelegt hat, und doch ist er verwundbar und sensibel geblieben.

Am 25. Januar 1831 treffen Nachrichten aus Polen ein, die Hoffnung und zugleich neue Bestürzung auslösen: Der Reichstag hat den Zaren und seine Dynastie abgesetzt. Ein bewaffneter Konflikt scheint unabwendbar. Für einen Polen in Wien, der obendrein auf Empfehlungsschreiben angewiesen ist, eine denkbar ungünstige Situation. Malfatti, der ihm ja ein Konzert am Hofe in Aussicht gestellt hatte, versucht ihn jetzt davon zu überzeugen, daß ein wahrhaft großer Künstler, für den er Chopin hält, Kosmopolit sein müsse.

Als es Frühjahr und das Wetter wärmer wird, schlendert Chopin durch die Parks und Gärten der Stadt, unternimmt Ausflüge in die Umgebung, etwa auf den Leopoldsberg und den Kahlenberg nördlich von Wien, und läßt sich im Fiaker durch den Tivoli fahren. Doch nichts vermag die düsteren Gedanken zu verscheuchen. »Seltsam ist mir zumute, traurig«, vertraut er am 1. Mai 1830 seinem Tagebuch an. »Ich weiß mir keinen Rat. – Warum bin ich allein? Wie schön war es heute im Prater. Eine Menge Menschen, die mich gar nichts angingen. (…) Selbst die Musik kann mich heute nicht trösten. (…) Ich weiß nicht, was mir fehlt. Und ich gehe doch schon ins dritte Jahrzehnt!« (Zitiert nach Willi Reich, *Frédéric Chopin. Briefe und Dokumente.*)

## »Ich möchte sterben ...«

Liegt es an seiner melancholischen, gedrückten Stimmung, an der Arbeit, die ihn ganz in Anspruch nimmt – er komponiert einige *Nocturnes* und *Etüden* –, oder an seinem Stolz, daß er noch kein Konzert gegeben hat? Niemand drängt ihn, und Chopin denkt nicht daran, sich anzubiedern und um einen öffentlichen Auftritt zu betteln. Zumal ohnehin kein Geld damit zu verdienen wäre. Und da er noch immer eine gewisse Scheu hat, vor einem größeren Publikum aufzutreten, besteht kein Grund, ungeduldig zu werden und sich den Kopf zu zermartern. Dann wird aber doch ein Konzert mit einer Sängerin namens Lucia-Elisabeth Garcia Vestris angekündigt. Aus unerfindlichen Gründen – vielleicht die Laune einer Diva – findet es aber nie statt, und so geht auch dieser Kelch an Chopin vorüber.

Am 11. Juni bietet sich dann doch noch die Gelegenheit zu einem öffentlichen Konzert im Rahmen einer Wohltätigkeitsveranstaltung zugunsten des Tänzers Dominik Mattis. Vergessen sind die guten Vorsätze, nicht mehr umsonst auftreten zu wollen! Der Gedanke an den bevorstehenden Auftritt versetzt ihn jedoch in solche Panik, daß er in seinem Tagebuch notiert: »Ich möchte sterben (...).« (Zitiert nach Willi Reich, *Frédéric Chopin. Briefe und Dokumente*) Aber seit seiner Ankunft in Wien sind sieben Monate vergangen, da ist es höchste Zeit, sich einem größeren Publikum zu präsentieren. Die Kritiken sind durchweg positiv. Zwar erbost es ihn über alle Maßen, daß sich die meisten Artikel seinem Klavierspiel widmen und den Fortschritten, die er gemacht hat, aber einige weisen immerhin auch auf die neue musikalische Sprache hin, derer er sich bedient. Es ist keine einfache, sich am Publikumsgeschmack orientierende Sprache – und das Publikum ist versessen auf die Klavierkünste etwa eines jungen Sigismund Thalberg –, sondern eine, die ihren ureigenen, ganz persönlichen Stil hat.

Die Wiener sollen keine Gelegenheit bekommen, den jungen Chopin ein weiteres Mal zu hören. Er hat sich entschlossen, die Stadt zu verlassen, die ihm nicht den erhofften Empfang bereitete und alle seine Erwartungen enttäuschte. Außer

Seite 52:
*Auf den bewaldeten Höhen rings um Wien sucht Chopin Ruhe und Frieden. Hierher flüchtet er vor dem unfreundlichen Klima in den Salons der gehobenen Kreise, die den Warschauer Aufstand verurteilen, hier denkt er über das Schicksal Polens nach.*

Links:
*Jakob Alt (1789–1871),* Ansicht der Stadt Wien, *1817.*

schmerzlichen Erinnerungen bleiben ihm nur einige wenige Werke von seinem Wiener Aufenthalt. Haslinger bekommt sie nicht. Dieser wird die Kompositionen, die Chopin ihm vor seiner Ankunft in Wien schickte, erst nach dem Tod des Komponisten veröffentlichen. Auf diese Weise braucht er ihm nichts dafür zu bezahlen.

Chopin entscheidet sich für Paris. Italien kann warten. Für Frankreich benötigt er allerdings einen Paß, den die russischen Behörden ihm verweigern. Am 25. Juni teilt er seiner Familie mit: »(...) meine Abreise kompliziert sich merkwürdig.« (Brief vom 25. Juni 1831. *Briefe*) Obwohl man ihm »täglich den Paß verspricht«, um den er sich seit Wochen bemüht, wird er immer wieder mit fadenscheinigen Ausreden vertröstet. Schließlich befolgt er den Rat eines Bekannten: Er beantragt einen Paß für England, »via Paris«. Mitte Juli kann er seiner Familie berichten: »Endlich habe ich den Paß. Aus der Abreise am Montag wird jedoch nichts, erst am Mittwoch werden wir nach Salzburg aufbrechen, und von dort nach München. Eine Sorge ist uns noch dazugekommen: Für die Ausreise nach Bayern brauchen wir einen *Cholera-Gesundheitspaß* (...).« (Brief vom 16. Juli 1831. *Briefe*) In Wien wütet nämlich die Cholera.

### »Der Feind ist in unserem Haus«

Nach einem mehrtägigen Aufenthalt in Salzburg trifft Chopin Anfang August in München ein, wo er sich ungefähr einen Monat aufhält. Am 28. August 1831 findet er die Kraft, im Saal der Philharmonischen Gesellschaft ein Konzert zu geben. Nicht nur, daß er rauschenden Beifall und begeisterte Kritiken erhält – sogar eine Gage zahlt man ihm!

Anfang September reist er nach Stuttgart weiter, wo er allen vorgestellt wird, die in der Welt der Musik Rang und Namen haben. In dieser heiteren Atmosphäre erreicht ihn jedoch die Nachricht, daß der Warschauer Aufstand niedergeschlagen wurde. Chopin ist wie gelähmt vor Kummer und Entsetzen. Alle seine düsteren Visionen kehren mit Macht zurück und bestürmen, quälen ihn unablässig bis hin zur körperlichen Übel-

Rechts oben:
*Carl Schütz,* Ansicht von Schloß Schönbrunn bei Wien, *1810.*

Seite 55:
*Schmiedeeisernes Gitter am Park von Schloß Belvedere.*

Oben:
Sigismund Thalberg. *Der brillante Klaviervirtuose, Erzfeind von Franz Liszt, der diesem 1837 in einem berühmten Pianistenduell eine schwere Niederlage beibringt, ist zwar beim Publikum, nicht aber bei den Musikern beliebt. Chopin äußerte einmal die Vermutung, hinter seiner Virtuosität verberge sich nichts anderes als musikalische Leere.*

Rechts unten:
Mazurka in der Oper *(Ausschnitt).* Bibliothèque nationale, Paris.

keit und zur geistigen Verwirrung. In seinem Tagebuch notiert er: »Auf den Türmen Stuttgarts schlägt es ein Uhr nachts. Oh, wieviele Menschen sterben in diesem Augenblick in der Welt? – Kinder verlieren ihre Mutter – Mütter verlieren ihre Kinder. – Wieviele Pläne werden zunichte! (…) Mein Paß läuft nächsten Monat ab. Ich werde dann nicht mehr im Ausland leben können – wenigstens nicht offiziell. Dann werde ich einem Leichnam noch ähnlicher sein« (zitiert nach Willi Reich, *Frédéric Chopin. Briefe und Dokumente*).

An anderer Stelle klagt er: »(…) der Feind war im Hause. Die Vorstädte sind zerstört, niedergebrannt. (…) O Gott, gibt es dich? Ja, es gibt dich, und du rächst uns nicht! Haben die Moskowiter noch nicht genug Verbrechen begangen oder bist du wohl selbst ein Moskowiter? (…) Und ich, ich bin hier untätig, und ich, ich stehe da mit leeren Händen und seufze nur von Zeit zu Zeit! Nur dem Klavier vertraue ich meine Verzweiflung an. – Was nützt das? – Gott, mein Gott, schicke ein Erdbeben, daß es die Menschen dieses Jahrhunderts verschlinge! Und die furchtbarsten Qualen mögen die Franzosen heimsuchen, die uns nicht zu Hilfe gekommen sind!« (Zitiert nach Willi Reich, *Frédéric Chopin. Briefe und Dokumente.*)

Inmitten des Zusammenbruchs denkt er an Konstancja Gładkowska, und seine überreizte Phantasie gaukelt ihm die gräßlichsten Bilder vor: »Was ist aus ihr geworden? Wo ist sie? Die Arme! Vielleicht ist sie in den Händen der Moskowiter! Ein Moskowiter umfaßt sie, würgt sie, mordet sie, tötet sie! Oh, Geliebte! Ich bin hier allein – komm zu mir –, daß ich deine Tränen trockne« (zitiert nach Willi Reich, *Frédéric Chopin. Briefe und Dokumente*). Das Klavier erweist sich einmal mehr als seine wirkungsvollste Waffe. In der Musik lebt er seine Emotionen aus, und das Ergebnis ist die *c-Moll-Etüde* (op. 10, Nr. 12), die berühmte Revolutionsetüde.

Und Konstancja? Statt noch einen Gedanken an Chopin zu verschwenden, bereitet sie ihre Hochzeit vor, die im Dezember stattfinden soll.

# »PARIS IST ALL DAS, WAS DU WILLST«

(FRÉDÉRIC CHOPIN AN TYTUS WOYCIECHOWSKI, 12. DEZEMBER 1831)

Mitte September 1831 trifft Chopin endlich in Paris ein, das, als wäre es aus einem langen Schlaf erwacht, wie im fieberhaften Rausch lebt. Die Stadt ist dabei, sich von der Trägheit unter der Herrschaft Karls X. zu lösen, und hat einen enormen Nachholbedarf. Nach den sogenannten Juliordonnanzen vom Juli 1830 – Auflösung der Kammer, Einführung der Pressezensur und Wahlrechtsänderung – begann es im Volk zu gären. Drei Tage genügten, die Bourbonen aus der Stadt zu jagen (sie flüchteten nach Fontainebleau) und den 73jährigen König zum Abdanken zu zwingen. Louis Philippe I., Herzog von Orléans, folgte ihm auf den Thron. Einem zeitgenössischen Journalisten zufolge fragten sich die Republikaner, die an den Barrikaden gekämpft hatten, was sie nun eigentlich gewonnen hätten: Statt eines Königs von Frankreich hatten sie jetzt einen König der Franzosen.

Mit der Thronbesteigung des »Bürgerkönigs« am 9. August beginnt die Zeit der großen politischen Manöver. Unter der Maske des biederen Familienvaters verbirgt sich ein Herrscher, der seine politischen Gegner mundtot macht und

LINKS:
*Parkgitter an den Tuilerien.*

OBEN:
*Diese 1833 von Pierre Roche Vigneron geschaffene Lithographie hat Chopin schnell einem breiteren Publikum bekannt gemacht.*

OBEN:
Der polnische Schwur. *Graphik eines unbekannten Künstlers.* Bibliothèque nationale, Paris. *Frankreich nimmt Anteil an der polnischen Tragödie, und Paris bekundet seine Sympathie auf recht unterschiedliche Weise, sei es durch reißerische Spektakel im Cirque Olympique, sei es durch die herzliche Aufnahme politischer Flüchtlinge.*

RECHTS:
*August Prinzhofer,* Hector Berlioz, *1845.* Bibliothèque de l'Opéra, Paris. *Berlioz, kein Freund von Chopins Musik, wohl aber von Chopin selbst, ist die herausragende Gestalt der sinfonischen Musik seiner Zeit.*

SEITE 59:
*Das Palais Royal, seine Arkaden und … seine eleganten Geschäfte!*

der Presse einen Maulkorb anlegt. Den Legitimisten – den Anhängern der gestürzten Bourbonen – gehen diese Maßnahmen noch nicht weit genug. Die Provokationen häufen sich. Auf der anderen Seite muß das Volk erkennen, daß es der Bourgeoisie zwar zum Sieg verholfen, sich an seiner eigenen sozialen Lage aber nichts geändert hat. Im Februar 1831 setzt die aufgebrachte Menge zum Sturm auf das erzbischöfliche Palais in Paris an und plündert es. Damit ist der Ton für die Regierungszeit Louis Philippes vorgegeben: Krawalle, Attentate, Demonstrationen, Repressalien … Andererseits wird das Land aber auch industrialisiert und modernisiert, die landwirtschaftliche Produktion gesteigert. Es ist dies die goldene Zeit des Großbürgertums. »*Enrichissez-vous*« – bereichert euch – lautet die Parole. Paris lockt Abenteurer von überall her an, über Nacht werden Vermögen angehäuft und genauso schnell wieder verloren. Und im Hintergrund vermischen sich die Klänge des *french cancan* mit jenen der *Symphonie fantastique* von Hector Berlioz.

Das politische und gesellschaftliche Klima veranlaßt Chopin zu der Bemerkung: »Ich liebe die Karlisten, kann die Philippisten nicht leiden, bin selbst ein Revolutionär, somit mache ich mir nichts aus dem Geld, nur etwas aus Freundschaft (…).« (Brief an Dominik Dziewanowski, Mitte Januar 1833. *Briefe*)

In Paris finden aber auch Auseinandersetzungen anderer Art, nämlich im kulturellen Bereich, statt. So etabliert sich etwa in der Malerei eine neue Schule, die die Meister des Empire ablöst. Einer ihrer bedeutendsten Vertreter ist Eugène Delacroix, dessen Palette bräunlich-gelber Töne sich zum erstenmal in seinem Gemälde *Die Freiheit führt das Volk an* (1830) voll entfaltet. Was Berlioz in seiner Musik umsetzt, gestaltet Delacroix in seinen von der Farbe beherrschten Bildern. Die Werke Achille Devérias haben etwas Anrührendes, Aufwühlendes, von jenen J. A. D. Ingres' geht eine besondere Faszination aus. Überall werden neue Wege beschritten, alle lassen sich von der Aufbruchsstimmung anstecken. Der Dichter Alfred de Musset liebt provokante Auftritte und becirct durch das jugendliche Ungestüm seiner zwanzig Jahre. Victor Hugo sprengt die Fesseln seiner Verse und wird zum Anführer einer literarischen Richtung erkoren, die sich zur Hauptströmung seines Jahrhunderts entwickeln wird: der Romantik. Théophile Gautier trägt stets eine Weste, deren Rot an die Farbe von Blut und von schwelendem Feuer erinnert. Die Zensur allein wird es nicht schaffen, dieses Feuer zu ersticken, genausowenig wie Louis Philippe oder Napoleon III., der zu diesem Zeitpunkt noch ein schlichter Prinz mit Namen Louis Napoleon ist. Obgleich es

in manchen Salons noch brodelt, wird Paris mehr und mehr zu einer Stadt des Bürgertums. Und das Bürgertum schwelgt im Luxus und in der Lust am Sehen und Gesehenwerden, gewinnt zunehmend an Macht, Einfluß, Wohlstand.

Aber Paris ist auch die Stadt des Elends. »Du mußt wissen«, schreibt Chopin dem Freund Tytus Woyciechowski, »daß hier jetzt große Not herrscht, Geld kursiert wenig, du begegnest einer Unmenge zerlumpter Gestalten mit bezeichnenden Physiognomien, und manchmal hörst du ein drohendes Gespräch über den Dummkopf Philipp, der nur noch an seinem Ministerium hängt. Die niedere Klasse ist völlig verbittert (…).« (Brief vom 25. Dezember 1831. *Briefe*) Das ist die Atmosphäre, die Chopin bei seiner Ankunft im

Herbst 1831 in der Stadt vorfindet, die ihm zum endgültigen Durchbruch verhelfen soll. Im selben Jahr läßt sich auch eine junge Frau namens Aurore Dupin, verheiratete Baronin Dudevant, hier nieder. Sie wohnt erst bei ihrem Halbbruder Hippolyte Chatiron in der Rue de Seine und zieht dann zu ihrem Geliebten Jules Sandeau, nimmt den halben Nachnamen des Geliebten an und einen männlichen Vornamen, dem sie durch Weglassen des s am Schluß eine weibliche Form gibt. George Sand ist geboren. Sie lebt ihr Leben ohne Rücksicht auf irgendwelche Konventionen, aber die Freiheit hat einen hohen Preis. Sie liebt es zu provozieren, etwa indem sie Zigaretten oder die vornehmeren Zigarren raucht. Bald wird sie Alfred de Mussets Geliebte sein und die »Königin von Frankreich«, vor der alle Gesellschaftsreporter den Hut ziehen. Im Augenblick ist sie eine Unbekannte, und Chopin ahnt nicht einmal etwas von ihrer Existenz.

### »Wenn je, so habe ich jetzt alles in Paris.«

»Die Franzosen hüpfen herum und schwatzen, obwohl sie keinen Sou mehr in der Tasche haben. Ich bin hier ohne große Mühe (aber unter großen Kosten) angekommen und ganz glücklich über das, was ich hier vorgefunden habe: die besten Musiker und die beste Oper der Welt. Ich habe Rossini, Cherubini, Paër und so weiter kennengelernt. Wahrscheinlich werde ich länger in Paris bleiben, als ich dachte, nicht, weil ich mich hier so schrecklich wohl fühle, aber weil es gut möglich ist, daß ich mich mit der Zeit hier wohl fühlen werde.« (Brief an N.A. Kumelski vom 18. November 1831.)

Zunächst hat Chopin aber kaum Kontakte zur Musikwelt, die großen Musiker und Komponisten sieht er nur von fern. Am Boulevard Poissonnière 27 hat er sich eine kleine Wohnung genommen. »Ich habe eine kleine Kammer voller wunderschöner Mahagonimöbel«, erzählt er im oben erwähnten Brief, »und mit einem Balkon zum Boulevard hin, von wo ich Paris vom Montmartre bis zum Panthéon überschauen kann und, ganz im Hintergrund, die vornehme Gesellschaft vor mir habe. Viele beneiden mich um diese

Porträts, von links nach rechts:
*C. Constans,* Luigi Cherubini. *Cherubini, Mitglied des Institut de France und Direktor des Pariser Konservatoriums, ist in der Welt der Musik der einflußreichste Mann der Stadt.*

*Toschi und Isae,* Ferdinand Paër. *Nach einer Zeichnung von François, Baron Gérard.* Bibliothèque nationale, Paris. *Der Hofkapellmeister Louis Philippes ist auch ein namhafter Opernkomponist.*

*A. Conti,* Gioacchino Rossini. Bibliothèque nationale, Paris. *Der Meister des Belcanto lockt die Pariser Zuschauer in Scharen an.*

Aussicht, aber keiner um die vielen Treppen.« Wahrscheinlich auch nicht um die Kälte in dieser Wohnung ohne Kamin! Bis zu dem behaglichen Komfort, den Chopin für sich erträumt, ist es noch ein weiter Weg.

Chopin bleibt brav zu Hause. Da die Musik, um die sich in Paris alles zu drehen scheint, aber nicht zu ihm kommt, muß er zu ihr gehen. So besucht er das Théâtre des Italiens, wo Rossini mit *Der Barbier von Sevilla, Die Italienerin in Algier* und *Othello* Triumphe feiert und mit ihm die Sängerinnen Marie Felicité Malibran, Giuditta Negri Pasta, Laure Cinti-Damoreau und die Sänger Louis Lablache, Adolphe Nourrit, Giovanni Battista Rubini. »(…) mit einem Wort, erst hier erfährt man, was Singen heißt«, schreibt Chopin begeistert an seinen ehemaligen Lehrer Józef Elsner (Brief vom 14. Dezember 1831. *Briefe*). In der Opéra-Comique sieht er sich *Fra Diavolo* von Daniel François Esprit Auber an und Giacomo Meyerbeers *Robert, der Teufel,* das am 21. November 1831 in der Académie royale uraufgeführt wird. Er besucht auch Konzerte im 1828 gegründeten Konservatorium, dessen Konzertprogramm für die kommende Saison ganz im Zeichen Beethovens steht. Neben dem deutschen Pianisten Ferdinand Hiller beeindruckt ihn insbesondere Friedrich Wilhelm Kalkbrenner, ebenfalls deutscher Pianist und Komponist und ein ehemaliger Schüler Louis Adams. François Joseph Fétis, Gründer der Zeitschrift *La Revue Musicale* und Musikkritikerpapst, bezeichnete Kalkbrenner als den ungewöhnlichsten Pianisten seiner Zeit, sowohl was die Brillanz seines Vortrags als auch die Weiterentwicklung seiner Technik anbetreffe.

Dem polnischen Emigranten genügt es jedoch nicht, nur zuzuschauen. Er will Mitwirkender sein, will aufgenommen werden in die glanzvolle Welt der Musik, der einzigen Welt, die weder Grenzen noch politische Restriktionen, weder Vorurteile noch Feindseligkeiten kennt. Voller Hoffnung und fest entschlossen, seinen Weg zu machen, kehrt er abends nach Hause in seine Wohnung »nahe dem Himmel« zurück. Unterwegs mangelt es nicht an Ablenkung: »So viele barmherzige Fräulein überall! Sie verfolgen die Passanten regelrecht«, schreibt er Kumelski im November 1831.

Seine einzige Empfehlung ist ein Brief von Doktor Malfatti an Ferdinando Paër, den italienischen Komponisten und Hofkapellmeister Louis Philippes, den das junge Publikum genauso schätzt wie das ältere. Die Bekanntschaft mit Paër öffnet Chopin nicht nur alle Türen: Seiner Fürsprache hat er es zu verdanken, daß sein Paß, der ihm lediglich einen befristeten Aufenthalt ermöglicht, in eine Aufenthaltsgenehmigung »bis auf Widerruf« umgewandelt wird. Durch

Paër lernt Chopin Luigi Cherubini, den Direktor des Konservatoriums, kennen sowie den tschechischen Komponisten Anton Reicha, Professor am Konservatorium. Beide gehören sozusagen zur alten Garde, sind Vertreter einer musikalischen Richtung, die sich selbst überlebt hat: »Diese Herren sind ausgetrocknete Puppen«, schreibt ein enttäuschter Chopin an Józef Elsner, seinen alten Lehrer (Brief vom 14. Dezember 1831. *Briefe*). Er knüpft andere, nützlichere Kontakte, etwa mit dem Musikverleger Maurice Schlesinger, der ihn engagiert, ein Potpourri über Themen aus Meyerbeers Oper *Robert, der Teufel* zu komponieren – eine leichte, fast obligate Übung, etwas für einen Salonkomponisten, aber eine gute Gelegenheit, auf sich aufmerksam zu machen, auch wenn »wahre« Musiker solche Auftragsarbeiten abstoßend finden und nichts als Verachtung für sie übrig haben. Für das kurze, viertelstündige Stück arbeitet er mit dem Cellisten Auguste Franchomme zusammen, den er vor kurzem kennengelernt hat und mit dem ihn bald eine herzliche Freundschaft verbindet. Da sich die beiden prächtig verstehen, ist das Werk schnell geschrieben. In den Salons wird es ein Erfolg, aber das ist nicht die Art von Erfolg, die Chopin sich erträumt.

OBEN:
*Das Opernhaus in der Pariser Rue Le Peletier ist zwar abgebrannt, doch die Erinnerung daran lebt weiter im prachtvollen Interieur des Théâtre de Dijon.*

LINKS:
*Isidore Dagnan*, Am Boulevard Poissonnière. Musée Carnavalet, Paris.

RECHTS:
*Szene aus* Robert, der Teufel *von G. Meyerbeer, Bühnenbild von Ciceri für die Uraufführung am 21. November 1831 in der Académie royale de musique, der Oper.*
Bibliothèque de l'Opéra, Paris.

UNTEN LINKS:
*Kostüm der Prinzessin Mathilde aus Rossinis* Wilhelm Tell *für Laure Cinti-Damoreau.*
Bibliothèque de l'Opéra, Paris.

UNTEN RECHTS:
*Kostüm des Wilhelm Tell aus der gleichnamigen Oper für Adolphe Nourrit.*
Bibliothèque de l'Opéra, Paris.

Er sucht die Gesellschaft von Kalkbrenners Schülern, junge Leute seines Alters, die seine Leidenschaft für moderne Musik teilen. Sein Bekanntenkreis wächst beständig, und es dauert nicht lange, da verkehrt er mit Felix Mendelssohn Bartholdy, Franz Liszt und Ferdinand Hiller. In ihnen findet er nicht nur Freunde fürs Leben, sondern vor allem auch Persönlichkeiten, deren genialer Geist seinem ebenbürtig ist.

Chopin macht von sich reden. Musikliebhaber im In- und Ausland werden auf ihn aufmerksam, unter ihnen auch Robert Schumann, der im fernen Deutschland das Genie des jungen polnischen Komponisten rühmt. Frédéric wird zwar von den Eltern finanziell unterstützt, aber das Geld reicht nur für das Nötigste. Deshalb ist er froh, als zaghaft die ersten Interessenten anfragen, ob er ihnen Klavierunterricht geben könne. Mit dem Geld, das er sich mit Klavierstunden ver-

Links:
*Eugène Lami,* Die Besucher verlassen die Oper.
Bibliothèque de l'Opéra, Paris.

dient und aus dem er sich angeblich nichts macht, kann er sich endlich wieder seinen erlesenen Geschmack und seine Vorliebe für Eleganz leisten.

Seine eigentliche Karriere beginnt mit einem Konzert in den Salons Pleyel. Die große, von Ignaz Pleyel gegründete und von seinem Sohn Camille fortgeführte Klavierfabrik verfügt – wie andere Klavierhäuser auch – über prächtige Salons, die in ihrer Ausstattung einem richtigen Konzertsaal in nichts nachstehen. Die besten zeitgenössischen Künstler treten hier auf und bringen Chopins Lieblingsinstrument, das zu den schönsten des Jahrhunderts zählt, zur Geltung. Der Termin für das Konzert muß einige Male verschoben werden. Dann, am 26. Februar 1832, ist es endlich soweit. Monsieur Frédéric Chopin aus Warschau tritt gemeinsam mit dem Mann auf, der als sein Mentor gilt und der ihn mit Camille Pleyel bekanntgemacht hat: Friedrich Wilhelm Kalkbrenner. Das Konzert wird ein voller Erfolg. Chopin spielt sein *f-Moll-Konzert* und die *Variationen über Là ci darem la mano.* Das Echo auf sein Pariser Debüt ist überwältigend, und zwar sowohl in der Presse als auch in den Vorzimmern und Fluren der Eingeweihten. Der Musikkritiker Fétis ist voll des Lobes über den jungen Mann, und sein Wort gilt etwas in der Welt der Musik. Einige wenige Tage in diesem Frühjahr 1832 genügen, um aus Chopin einen berühmten Mann zu machen. Der Strom der Klavierschüler schwillt an, und der Unterricht bringt ihm gutes Geld ein. Er wird gefeiert, von Salon zu Salon weitergereicht. Pierre Roche Vigneron fertigt ein Porträt von ihm an, das großen Absatz findet. Alle wollen wissen, wie dieser Chopin, von dem man soviel spricht, aussieht. »Nichts wird imstande sein, einen vielleicht allzu kühnen, aber edlen Willen und Plan, sich eine neue Welt zu schaffen, zu verwischen (…)«, schrieb er wenige Wochen zuvor an seinen alten Lehrer Elsner (Brief vom 14. Dezember 1831. *Briefe*). Es scheint, als habe sich seine Zielstrebigkeit bezahlt gemacht. Von nun an ist Chopin Teil der Pariser Glitzerwelt.

Doch dann, im Frühsommer, bricht eine Katastrophe über Paris herein: die Cholera. Wer kann, flieht vor der Seuche. »Was die Pianisten anlangt, so fährt Herz nach England, Mendelssohn dito, Pixis nach Deutschland, Liszt in die Schweiz, Kalkbrenner weiß nicht, was er tun soll, so sehr fürchtet er die Cholera«, teilt Chopin bereits Mitte April 1832 einem Bekannten mit *(Briefe).* Chopin selbst zögert. Soll er die Stadt ebenfalls verlassen und seinen frisch erworbenen Ruhm aufs Spiel setzen? Soll er sein Glück in Amerika versuchen? Zufällig begegnet er Valentin Radziwiłł, dem emigrierten Sohn Fürst Radziwiłłs, der ihn Baron James Rothschild vorstellt. Chopin wird ins Palais des Barons in Boulogne eingeladen, wo er für die Pariser Crème de la crème spielt. Er schlägt die Gäste aus Hochfinanz und Ari-

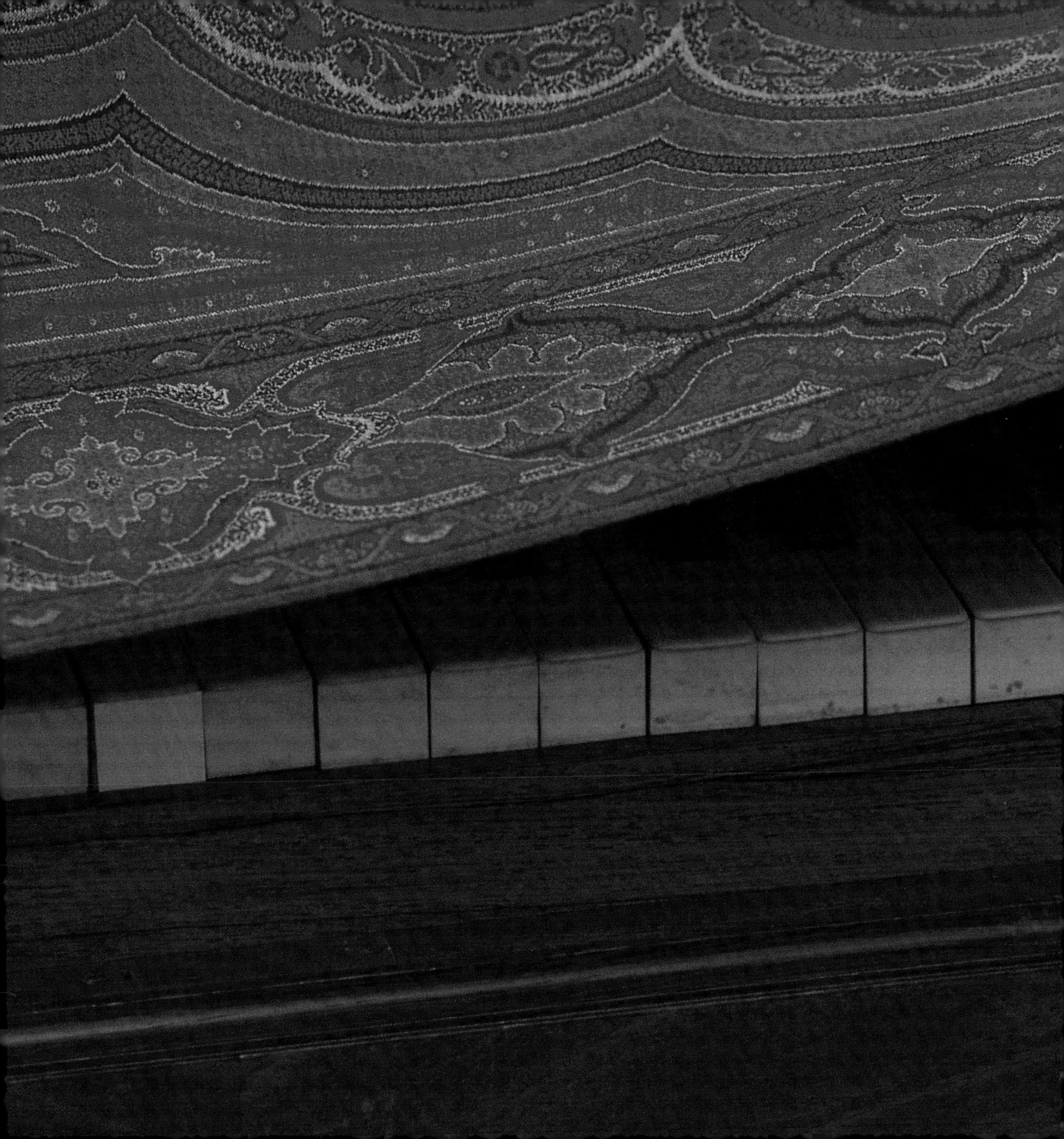

*»Ich vergaß Dich zu bitten, daß Du mir einen* Hut *bei meinem* Dupont *in Deiner Straße bestellst. Er hat mein Maß und weiß, was für leichte ich brauche. Er mag ihm die diesjährige nicht übertriebene Form geben, denn ich weiß nicht mehr, wie Ihr Euch jetzt kleidet. Außerdem geh zu* Dautremont, *meinem Schneider am Boulevard, und laß ihn* sofort *graue Hosen für mich anfertigen. Wähle selbst eine* dunkelgraue Farbe: *Winterhosen, etwas Ordentliches, nicht gestreift, glatt und elastisch. (...) Ebenfalls eine schwarze, bescheidene Samtweste, aber mit einem winzigen, nicht schreienden Muster, etwas sehr* bescheiden Elegantes. *Wenn er nichts Ordentliches hat, dann eine schwarzseidene,* bescheiden schöne. *Ich verlasse mich auf Dich. Eine nicht sehr offene, freilich.« (Brief an Julian Fontana vom 3. Oktober 1839.* Briefe.)

Vorhergehende Doppelseite: *Chopin, der immer für einen Scherz zu haben war, ließ manchmal ein Tuch über die Klaviatur breiten und spielte dann eine Improvisation über ein beliebiges, von einem Gast ausgewähltes Thema.*

stokratie in seinen Bann, und plötzlich ist sein Name wieder in aller Munde. Er, der die Vorstellung amüsant fand, für einen Verführer gehalten zu werden, wie eine in einem Brief an Tytus Woyciechowski geschilderte Episode zeigt, die mit den Worten endet: »Wie gefällt Dir das? Ich ein Verführer!« (Brief vom 12. Dezember 1831. *Briefe*), er fesselt und verführt sein Publikum wie kein zweiter. Die feine Gesellschaft ist entzückt, die Pariser Salons stehen ihm offen.

»Ich bin in der besten Gesellschaft eingeführt«

»Ich bin in der besten Gesellschaft eingeführt, sitze zwischen Botschaftern, Fürsten, Ministern, und ich weiß nicht einmal, durch welches Wunder, denn selbst habe ich mich nicht vorgedrängt. Für mich ist das heute das Wichtigste, denn von dort kommt angeblich der gute Geschmack; man hat gleich ein größeres Talent, wenn Dich einer in der englischen oder österreichischen Botschaft gehört hat; gleich spielst du besser, wenn dich die Fürstin Vaudemont protegiert hat, protegiert kann ich nicht schreiben, denn das Weib ist vor einer Woche gestorben.« (Brief an Dominik Dziewanowski, Mitte Januar 1833. *Briefe*)

Der Erfolg vermag jedoch nichts gegen das brennende Heimweh auszurichten. In Chopins Pariser Kompositionen, seinen Polonaisen, seinen Mazurken, klingt die der slawischen Seele eigene Melancholie, jene unbestimmte Traurigkeit, deutlich an. Im Januar 1833 wird er in die noch junge Polnische Literarische Gesellschaft *(Towarzystwo Literackie)* in Paris aufgenommen, worauf er sehr stolz ist. Hier trifft er sich mit Freunden aus der Heimat, hier verkehren alle Exilpolen aus dem künstlerischen und literarischen Milieu. Zuweilen, wenn ihn das Heimweh zu überwältigen droht, setzt er sich ans Klavier und improvisiert, und alle lauschen ihm wie gebannt.

Das mit dem Klavierunterricht verdiente Geld ermöglicht es ihm, die kleine Kammer »nahe dem Himmel« zugunsten einer größeren Wohnung aufzugeben, und so zieht er im Frühjahr 1832 in die Cité Bergère 4, die in einem neuen, von beschaulicher Ruhe erfüllten Stadtviertel liegt. Ungeachtet seiner zahlreichen Verpflichtungen findet er noch die Zeit, gemeinsam mit Franz Liszt ein Wohltätigkeitskonzert zu geben, dessen Erlös der völlig verarmten irischen Shakespeare-Darstellerin Harriett Smithson (Hector Berlioz' zukünftige Ehefrau, für die er die *Symphonie fantastique* schrieb) zugute kommt. Um diese Zeit lernt Chopin die schöne Gräfin Marie d'Agoult, die Freundin von Franz Liszt, kennen und schätzen. Ihr Salon am Quai Malaquais gehört zu den beliebtesten Treffpunkten der gehobenen Gesellschaft. Chopin erliegt dem Zauber der zarten Gräfin wie vor ihm bereits Liszt. Dieser, leidenschaftlich in Marie verliebt, beobachtet die Annäherung der beiden voller Eifersucht. Er vertraut sich George Sand an, der liebenswerten, geistreichen Nachbarin, und scherzt über den Lebenswandel manch eines Musikers, der als echter Einsiedler gelten will und doch nichts weiter als der perfekte Lebemann ist. Die Stimmung im Kreis der Freunde ist ausgelassen. Auf dem Besitz der Gräfin in Croissy verbringen sie gesellige, heitere Stunden miteinander. George Sand und Chopin kennen sich noch nicht.

Das hektische Leben fordert seinen Tribut. Chopin, der sich seit 1831 keine Pause mehr gegönnt hat, verspürt alle Anzeichen einer lähmenden Depression. »(...) mein Gesundheitszustand ist jämmerlich, – äußerlich bin ich froh-

gelaunt, insbesondere unter den Unsrigen (mit Unsrigen meine ich die Polen) – aber im Innersten plagt mich etwas – irgendwelche Vorahnungen, Unruhe, Träume oder Schlaflosigkeit – Sehnsucht – Gleichgültigkeit – Lebenslust, dann wieder Todesverlangen – eine süße Ruhe, eine Erstarrung, Geistesabwesenheit, und manchmal eine zu genaue Erinnerung. Mir ist sauer, bitter, salzig zumute, ein gräßliches Gemisch von Gefühlen überkommt mich!« (Brief an Tytus Woyciechowski vom 25. Dezember 1831. *Briefe*)

Auguste Franchomme, der sich um den Freund sorgt, lädt ihn für den Sommer auf das Gut seiner Eltern in Coteau bei Tours ein. Der Aufenthalt wirkt wahre Wunder: Chopin erholt sich und nimmt sogar zu.

## »Du sagst, Du hast alles, woran Dein Herz hängt«

Chopin zählt von nun an zu den gefragtesten Pariser Künstlern und zweifellos zu den bestgekleideten. Seine Eleganz ist beinah sprichwörtlich, und bald schon legendär sind seine stets makellos weißen Handschuhe. Wo immer er erscheint, wird er von Verehrerinnen aus allen Schichten umringt und von den Ehemännern mit eifersüchtigen Blicken bedacht. Chopin ist in Mode, jeder Auftritt ein gesellschaftliches Ereignis.

Im April 1833 tritt er zusammen mit Franz Liszt bei einem Konzert der Brüder Henri und Jacques Simon Herz auf, zweier weltberühmter Pianisten, deren Spiel von brillanter Virtuosität, aber auch einer gewissen Seelenlosigkeit gekennzeichnet ist. Noch ahnen die Brüder nicht, daß der Ruhm ihrer Gäste ihren eigenen bald überstrahlen wird. Nicht nur das: Chopin wird die Musik alter Meister, zum Beispiel Johann Sebastian Bachs, den er im Gegensatz zur Mehrzahl seiner Zeitgenossen sehr schätzt, wieder modern machen und mit neuem Leben erfüllen. So werden Hiller, Liszt und Chopin am 15. Dezember desselben Jahres ein für drei Klaviere neu arrangiertes Klavierkonzert zum besten geben. Das Leben zeigt sich Chopin von seiner sonnigen Seite.

Er genießt die Bewunderung seiner Verehrerinnen – schöner Frauen, die mit einem bezaubernden Lächeln auf den Lippen die Nachricht vom Genie des jungen Klaviervirtuosen weitertragen –, ohne daß ihm der Erfolg zu Kopf stiege.

Daß sich sein Ruf so rasch verbreitet, hat für ihn noch einen weiteren Vorteil: Er bringt ihm Schüler ein. Vier Stunden täglich erteilt er einigen wenigen Auserwählten Klavierunterricht, zumeist Damen der gehobenen Gesellschaft, allesamt ausgezeichnete Musikerinnen. Das Geld, das er damit verdient, gestattet es ihm, auf Soloauftritte vor großem Publikum zu verzichten. Er wird die Scheu vor solchen großen öffentlichen Auftritten sein Leben lang behalten. Bereits im Frühjahr 1830 schrieb er Tytus Woyciechowski: »Du glaubst nicht, was das für eine Qual drei Tage vor dem Auftritt ist.« (Brief vom 27. März 1830. *Briefe*) Seine schönsten Konzerte finden in den Privatsalons im kleinen Kreis statt. Die Geladenen dürfen sich glücklich schätzen. Baron de Trémont, selbst Musiker, stellt verzückt in seinen *Notes consacrées à Frédéric Chopin* fest: »Das Spontane, das Originelle, das Pathetische und diese Art nervöse Erregbarkeit, die allein zum Sublimen führt, sind Teil einer Begabung, die man nicht mit demVerstand erfassen kann und über die man auch nicht in Begeisterung geraten sollte. (…) Nicht die Klänge eines Pianos hört man, sondern eine Folge nie dagewesener, ergreifender, oft melancholischer, zuweilen schrecklicher Gedanken; und damit das Instrument sie wiedergibt, wird es von den Händen auf tausendfach verschiedene Weise berührt, vom Streicheln, das so zart wie ein Spinnengewebe ist, bis hin zur Anwendung roher Kräfte.« Chopin ist ein Meister in der Wiedergabe dieser »Gedanken«. In der intimen Atmosphäre des Salons kann er befreit aufspielen, hier entstehen die unbeschreiblichen »blauen Noten«.

Das Aufsehen, das der Sohn in Paris erregt, kommt auch der Familie in der polnischen Heimat zu Ohren. »Fryc«, wie Chopin manche Briefe an Freunde und Verwandte unterschreibt, berichtet stolz von seinen Erfolgen. Die Eltern freuen sich mit ihm, ermahnen ihn jedoch zur Bescheidenheit, zur Vorsicht, zur Sparsamkeit: Im September 1834 schickt ihm der Vater folgende Verse: »Wenn Dir das Glück gewogen ist in jungen Jahren / Sei dankbar für seine Gunst, aber fürchte seine Unbeständigkeit / Laß Dich nicht blenden vom gütigen Geschick / Laß vom Verstand dich leiten, damit fern sei alle Not.«

Die Harmonie scheint vollkommen. Und doch nagt das Heimweh an ihm, auch wenn er es in den Briefen an die Seinen herunterspielt und unter einer fast extrovertierten Empfindsamkeit zu verbergen sucht. Ihm fehle nichts zum Glück, behauptet er, er habe hier alles, woran sein Herz hänge, und alles, was er brauche und liebe, habe mit Musik zu tun. Seiner Schwester Izabela kann er jedoch nichts vormachen. »Du sagst, Du hast alles, woran dein Herz hängt. Solange Du nicht davon gesprochen hast, habe ich auch nichts gesagt, aber ich weiß, was vor sich geht, und ich bin genauso erstaunt wie Du, daß man so gefühllos sein kann«, schreibt sie ihm im Dezember 1833. Es hat tatsächlich den Anschein, als ob das Glück Frédéric zulächle, aber ein Lächeln kann auch bitter sein: Obgleich er alles hat, »woran sein Herz hängt«, ist Chopin einsam, weil ihm etwas Wesentliches fehlt: die Liebe.

Unten:
Ferdinand Hiller. Bibliothèque nationale, Paris. *Der deutsche Pianist ist mit Chopin, Mendelssohn Bartholdy, Liszt, Baillot, Rossini und Cherubini befreundet. Beethovens Werk findet durch ihn in Frankreich weite Verbreitung. Nachdem er sich nach Köln zurückgezogen hat, stellt er nach 1850 die romantische Musik in den Vordergrund seines Wirkens.*

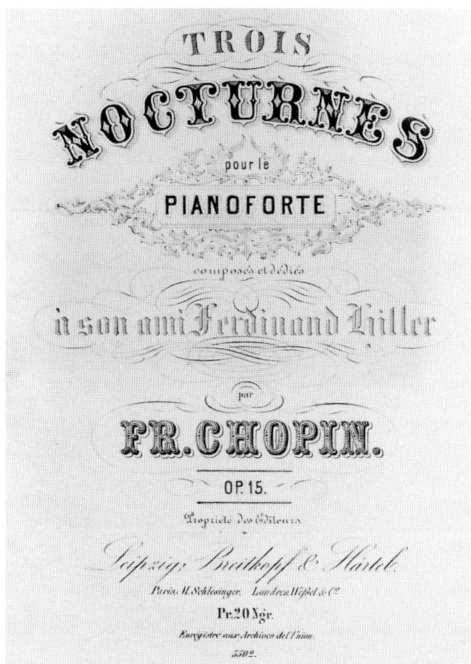


Links:
Drei Nocturnes *(op. 9, 1830–1831).* Archiv für Kunst und Geschichte, Berlin. *Die Arbeiten des berühmten irischen Pianisten John Field sollen Chopin zu seinen ersten Nocturnes inspiriert haben. Er hat sie schon sehr bald weiterentwickelt, zu präromantischen, stimmungsvollen Klaviergesängen über die Geheimnisse, die Stille und den Frieden der Nacht.*

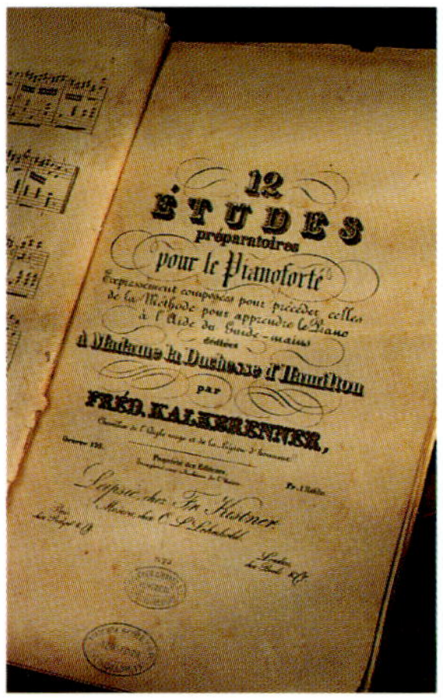


OBEN:
Zwölf Etüden *von F.W. Kalkbrenner. Der gefeierte Pianist, der grundsätzlich keine Besuche empfängt, schlägt Chopin vor, ihn drei Jahre lang zu unterrichten, um seinem Spiel den letzten Schliff zu geben. Er hat Chopin als das Genie erkannt, das er ist, und weiß, daß er in ihm den einzigen Konkurrenten fürchten muß, der ihn vom Thron stoßen könnte. Elsner rät Chopin dringend davon ab, das Angebot anzunehmen. Während Chopin, nicht zuletzt dank Kalkbrenner, bald rauschende Erfolge feiern kann, sinkt Kalkbrenners Stern. Das Zeitalter des mechanischen, glänzenden Virtuosen ist zu Ende, und das des Musikers bricht an.*

## »Beim Boulevard«

Im Spätfrühjahr 1833 zieht Chopin erneut um. Nachdem er seine Wohnung »nahe beim Himmel« für die »Bergères«, die »Schäferinnen« aufgegeben hat, verläßt er jetzt letztere, um näher »beim Boulevard« zu sein. Es zieht ihn tiefer ins Herz von Paris hinein, in die Rue de la Chaussée-d'Antin 5. Die Miete dort ist zwar teurer, die Wohnung dafür aber auch komfortabler. Um die Kosten zu senken, teilt er sich sein Zuhause mit dem Arzt Aleksander Hoffmann, einem Freund von früher. Hoffmann, der am Aufstand in Warschau teilgenommen hatte, ist erst seit kurzem in Paris. Er nimmt sich Chopins an, achtet darauf, daß er sich ein wenig mehr schont und mit seinen Kräften haushält, und versucht ihn dazu zu bewegen, sich einen geruhsameren Lebensrhythmus anzueignen, um die nervliche Anspannung zu bekämpfen. Aber dann zieht Hoffmann aus, und Jan Matuszyński, der alte Freund aus Kindertagen, liebevoll Jaś genannt, zieht im Frühjahr 1834 ein.

Matuszyński, der in Warschau Medizin studiert hat und danach Arzt in der polnischen Armee gewesen ist, will in Paris seine Medizinkenntnisse erweitern. Für Chopin verkörpert er in gewisser Weise jenes Stück Heimat, nach dem er sich immer noch sehnt. Neben Tytus Woyciechowski ist Jaś einer seiner ältesten Freunde, und mit ihm kehren alle Kindheits- und Jugenderinnerungen an Warschau zurück. »Ich kann gar nicht sagen, wie glücklich uns dieses Wiedersehen nach fünf Jahren machte«, schreibt Matuszyński seinem Schwager. »Er ist groß und kräftig geworden, ich habe ihn nicht wiedererkannt. Chopin ist jetzt der bedeutendste Pianist in Paris. Er gibt Klavierunterricht, für mindestens zwanzig Francs die Stunde. Er hat viel komponiert, und seine Werke sind sehr gefragt. Ich wohne bei ihm, es ist zwar ein bißchen weit bis zur École de médecine und zu den Krankenhäusern, aber ich habe gute Gründe, bei ihm zu bleiben. Er bedeutet mir alles. Abends gehen wir ins Theater oder zu Bekannten, oder wir machen uns einen gemütlichen Abend zu Hause.«

*Der Flügel von Franz Liszt. »Ich möchte ihm [Liszt] die Art stehlen, wie er meine eigenen Etüden interpretiert« (Chopin in einem gemeinsam mit F. Liszt und A. Franchomme verfaßten Brief an F. Hiller vom 20. Juni 1833.* Briefe).
Sammlung Salonick Chopinow, Palais Krasiński, Warschau.

Ein Vorzug der neuen Adresse ist auch die angenehme Nachbarschaft. Im Haus Nummer 10 etwa wohnt der Komponist und Pianist Julian Fontana, ein Schulfreund aus Warschau, der bald einer von Chopins engsten Vertrauten werden soll. Es scheint, als wäre das Glück in greifbare Nähe gerückt. Frédérics Schwester Izabela, die in ihm zu lesen vermag wie in einem offenen Buch, reagiert sehr feinfühlig auf seine Stimmungen: »Ach, Liebster, Deine Briefe muntern die ganze Familie auf«, schreibt sie ihm im April 1834. »Papa ist glücklich, Mama ruhiger, und wir andern sind fröhlicher. Dank der Briefe, die wir von Dir bekommen, sind wir alle guter Dinge und empfinden (was sehr selten ist bei uns) große Freude … Wir sind weit weg und doch in Gedanken immer bei Dir. Wir sind beseelt von dem Wunsch, Dich wiederzusehen, oder zumindest von dem, daß Du Dich irgendwo mit den Eltern treffen kannst. Das wäre die allergrößte Freude für sie! Nichts ist unmöglich auf dieser Welt, also warum sollte das nicht auch möglich sein? Aber wann?«

# KLAVIERSTUNDEN

Der Klavierunterricht ist für Chopin eine angenehme Tätigkeit, weil er zum einen eine Einnahmequelle darstellt, die ihn davor bewahrt, sich der schrecklichen Prüfung eines öffentlichen Konzerts aussetzen zu müssen, und zum andern nicht nur der Musik wegen Freude bereitet. Man erinnere sich nur noch einmal an die Episode mit der jungen Wanda Radziwiłł im Oktober 1829. »Ich gab ihr quasi in dieser Zeit Unterricht. Ein junges Ding, siebzehn Jahre alt, hübsch, und es war fürwahr recht angenehm, ihr die Fingerchen zu stellen.« Der sich da als Lehrer hervortut, war übrigens nur zwei Jahre älter als die Schülerin! »Aber Spaß beiseite, sie besitzt viel echtes musikalisches Empfinden, so daß man nicht dauernd reden muß, hier crescendo, und hier piano, hier schneller und hier langsamer und so weiter.« (Brief an Tytus Woyciechowski vom 14. November 1829. *Briefe*) Damit ist alles gesagt. Der wahre Genuß liegt darin, die Werke der großen Meister mit jemandem zu teilen, der ihren künstlerischen Wert zu schätzen weiß, gemeinsam die Sprache der Musik zu entdecken.

Chopin ist der geborene Pädagoge, eine Begabung, die er vom Vater geerbt haben dürfte. Vielleicht erinnert er sich auch an die glücklichen Stunden mit seinem Lehrer Elsner. Chopin geizt weder mit seiner Zeit noch mit seinem Wissen, er ist liebenswürdig und legt eine freundliche Zurückhaltung an den Tag. Seine Schüler schätzen ihn, und einige von ihnen, wie etwa Adolf Gutmann, werden ihm Freunde fürs Leben sein. Seine Überlegenheit wird von allen bewundert und beneidet. »Du weißt, daß Du die Technik in sehr kurzer Zeit erlernt hattest und Dich nur noch auf Deine Finger zu konzentrieren brauchtest«, rief ihm der Vater im November 1831 ins Gedächtnis zurück. »Wo andere Tage brauchten, damit die Klaviatur sich überhaupt bewegte, hat es bei Dir meist nicht einmal eine Stunde gedauert.« Chopins Methode – er wird übrigens bald damit beginnen, sie schriftlich zu fixieren – ist sicherlich sanfter, überzeugender als die von Kalkbrenner empfohlene, die auf Zwang und Autorität setzt. So rät letzterer zum Gebrauch eines sogenannten »Chiroplasten«, einer Art Korrekturgerät für die Hand.

*Achille Devéria*,
Eine Klavierstunde.

Chopins auf Einfühlsamkeit und Verständnis beruhende Lehrmethode dürfte auch jener von Henri Herz überlegen sein, die die Brillanz des Stils und eine effiziente Technik in den Vordergrund stellt, oder der von Ignaz Moscheles, eines verbissenen Arbeiters, den manche als Vertreter der alten Schule betrachten. »Der Pianist muß die vollständige Kontrolle über seine Finger erwerben«, fordert dieser, »so daß er allein dadurch, daß er mit den Fingerspitzen unterschiedlichen Druck auf die Taste ausübt, sämtliche Nuancen eines Tons erzeugen und vom weichsten bis zum härtesten Anschlag alles hervorbringen kann.« *(Études ou leçons de perfectionnement avec notes explicatives sur la manière de les étudier et de les exécuter.)* Er betont die Wichtigkeit von Geschmeidigkeit, Fingerspreizübungen, korrektem Fingersatz. Chopin macht sich nichts aus alledem, und dennoch stellt Moscheles bewundernd fest: »Sein Ad-libitum-Spiel, das bei jedem anderen Interpreten

Unten:
*Die Klavierbegeisterung hat in jenen Jahren so manchen verrückten Einfall hervorgebracht, zum Beispiel diesen seltsamen Apparat, der die darin eingezwängten Finger mit Hilfe von allerlei Federn und Gelenkverbindungen spreizen und die Handmuskulatur stärken sollte, auch auf die Gefahr hin, daß der Anschlag dadurch hart und gefühllos wird. Robert Schumann hat sich übrigens als Folge solcher Fingerübungen eine Lähmung zugezogen, die seine brillante Pianistenlaufbahn beendete.*

Rechts:
*»Chopin ist heute unser bedeutendster Pianist. Sein Spiel hält ebensoviele Überraschungen für uns bereit wie das Paganinis. Auch Hiller ist ein Virtuose voller Kraft und Anmut. Leider haben beide die typisch pariserische Angewohnheit, sich als verzweifelte Seelen auszugeben. Das Gefühl wird zu stark betont, und das beeinträchtigt Rhythmus und Takt. Ich dagegen falle ins andere Extrem, und so ergänzen wir einander. Ich erwecke den Eindruck eines Schulmeisters, während sie wie Gecken und Dandys daherkommen« (Felix Mendelssohn Bartholdy, zitiert nach Henri Bidou,* Chopin).
Sammlung Salonick Chopinow, Palais Krasiński, Warschau.

in Taktlosigkeit ausartet, mutet bei ihm schlicht als Vortrag von gefälliger Originalität an. Seine dilettantisch harten Modulationen, die mir ausgesprochen schwerfallen, wenn ich sie spiele, schockieren mich nicht mehr, weil seine feinen Finger mit elfenhafter Leichtigkeit darüber hinwegstreichen. (…) Mit einem Wort, er ist ein Unikum in der Welt der Pianisten« (zitiert nach T. A. Zieliński, *Chopin*).

In dem gleichen Maße, in dem Chopins Renommee wächst, schwillt der Strom seiner Schüler an, und das trotz des hohen Preises, den er für eine Klavierstunde verlangt. Mit Empfehlungsschreiben gewappnet, stellen sich schöne Damen, gute Pianisten und Pianistinnen bei ihm vor, aber nicht alle schaffen die Hürde des ersten Vorspielens. In einem Brief an ihren Halbbruder Hippolyte Chatiron von 1841 macht sich George Sand über das selbstbewußte Auftreten und das unbeholfene Französisch des Meisters lustig: »Mesdames, ich gebe meine Stunden sehr viel besser in meiner Kammer und auf meinem Klavier für zwanzig Francs als draußen für dreißig, wo Sie mir obendrein eine Kutsche schicken müssen. Ich überlasse es Ihnen.‹ Ein paar haben sich entschlossen, ihn zu Hause aufzusuchen, andere bezahlen ihm die dreißig Francs pro Stunde und lassen ihn mit der Kutsche abholen und wieder nach Hause bringen.«

Der Unterricht beginnt meistens vormittags. Nicht selten vergißt Chopin Essen und Trinken darüber, so konzentriert ist er bei der Sache. Als Unterrichtsmaterial benutzt er Werke von Beethoven, Kalkbrenner, Etüden von Moscheles, Sonaten von Carl Maria von Weber und einige wenige eigene Kompositionen, obwohl er nach wie vor der Ansicht ist, viele Franzosen wüßten mit den slawischen Akzenten seiner Musik nichts anzufangen. Er nimmt neben dem Piano Platz, hört zu, unterbricht, korrigiert, läßt weiterspielen. Marie Roubaud, seine letzte Schülerin, hat eine solche Klavierstunde in allen Einzelheiten beschrieben. Ihr Bericht vermittelt auch einen Eindruck von Chopins unwiderstehlichem Charme und seinem Humor. Madame Roubauds Gesundheitszustand verschlechterte sich nach ihrer Hochzeit so dramatisch, daß die Ärzte sie praktisch schon aufgegeben hatten. Sie suchte Trost in der Musik. Osborne, ihr Lehrer, gab ihr ein Empfehlungsschreiben für Chopin mit, den sie im Winter 1847 am Square d'Orléans aufsuchte. Sie war nicht die einzige Besucherin an diesem Tag. Chopin ging es sehr schlecht. Im Kamin prasselte ein Feuer, in das er ständig Kiefernzapfen warf, die hell auflodernd verbrannten. Die Hitze war schier unerträglich. »Mir ist immer kalt«, erklärte er mit belegter Stimme. Er war so erschöpft, daß er die Unterhaltung alsbald beendete und seine Besucherinnen bat, ihn allein zu lassen. Marie Roubaud flehte ihn förmlich an, sie nicht wegzuschicken, und erzählte ihm von ihrer eigenen Krankheit. »Nun gut, dann spielen Sie mir etwas vor …« Sie spielte mit zitternden Händen, aber sie spielte so gut, daß er einwilligte, ihr 18 Stunden zu geben, »donnerstags um ein Uhr«. Doch nach wenigen Unterrichtstagen bestand ihr Ehemann darauf, daß sie ihn auf eine Auslandsreise begleitete, und sie sah Chopin nie wieder. Madame Roubaud, die ungefähr zwölf Jahre jünger war als er, starb erst 1917. Sie erinnerte sich, daß Chopin bei ihrem Anblick belustigt gemeint hatte, sie beide hätten zusammen nicht genug Blut für einen einzigen Menschen.

Wie alle seine Schüler sollte sie sich bis an ihr Lebensende an die »göttlichen Klavierstunden« erinnern. Es kam vor, daß einem einzigen Zuhörer das Privileg zuteil wurde, daß Chopin eines seiner Stücke für ihn spielte, etwa das *Largo* der *Sonate h-Moll*, das Madame Roubaud zu Tränen rührte. Seine Schüler behielten Chopin als Neuerer in Erinnerung, als Verfechter der Theorie, daß keine Lehrmethode, so genial sie auch sein mag, den Pianisten zum Künstler bildet, sondern nur das, was er aus sich selbst schöpft, aus seiner Freiheit, seiner ganz persönlichen Erfahrung.

MÉDAILLES D'OR 1827-34-39-44
hors de Concours 1849
IGNACE PLEYEL & COMP.IE
Paris.

COLLECTION
Complète
Pour le Piano
J. S. BACH
Ignace Pleyel & Comp.
PARIS.

Zunächst einmal reist Chopin im Mai 1834 für 14 Tage nach Aachen zum »Niederrheinischen Musikfest«. Er begleitet Ferdinand Hiller, der Ehrengast der Veranstaltung ist. Chopin nutzt die Gelegenheit, die Sehenswürdigkeiten der Stadt zu besichtigen, ehe sie die Reise fortsetzen. Felix Mendelssohn Bartholdy schließt sich ihnen an. Drei Jahre sind seit Chopins erster Begegnung mit ihm in Paris vergangen, und die beiden haben sich nicht nur viel zu erzählen, sondern führen auch endlose Diskussionen über Ästhetik.

In Köln und Düsseldorf machen die Reisenden Zwischenstation, bevor sie auf dem Rhein stromaufwärts bis nach Koblenz fahren. Hiller schreibt von unterwegs einen Brief an seine Mutter, dem Chopin ein paar Zeilen anfügt: »Ich komme mir heute wie der Rauch unseres Dampfers vor, ich löse mich in Luft auf und fühle, wie ein Teil von mir in diesem Moment in meiner Heimat weilt, bei den Meinigen, während der andere durch Paris spaziert« (Mai 1834).

Die Atmosphäre von Sorglosigkeit und beschaulicher Ruhe hält bis in den Sommer hinein an. Musik und gesellige Stunden voller Harmonie bestimmen den Alltag. Von Hector Berlioz, der Harriett Smithson geheiratet hat, kommt eine originelle Einladung mit folgendem Wortlaut: »Chopinetto *mio, si fa una villegiatura da noi*, nach Montmartre in die Rue Saint-Denis 10; *spero che* Hiller, Liszt *e* Devigny von Chopin begleitet werden. Gewaltige Dummheit, aber nicht zu ändern. HB.« Bei Berlioz in Montmartre lernt Chopin die bedeutendsten Schriftsteller und Poeten seiner Zeit kennen, unter anderem Alfred de Vigny. Hier bereitet er auch gemeinsam mit dem künftigen Leiter der französischen Symphonie ein für den 7. Dezember im Konservatorium geplantes Konzert vor. Ein gemeinsam mit Franz Liszt veranstaltetes Weihnachtskonzert in der Salle Pleyel beendet das Jahr 1834.

Auch die ersten Monate des neuen Jahres stehen ganz im Zeichen verschiedener Konzerte. Am 22. Februar tritt Chopin mit Ferdinand Hiller in der Salle Érard auf, am 15. März wiederum mit Hiller sowie mit Herz und Osborne in der Salle Pleyel und am 5. April im Théâtre des Italiens, wo er ein Wohltätigkeitskonzert zugunsten polnischer Emigranten gibt. Am 26. April folgt ein Konzert im Konservatorium, das ein triumphaler Erfolg wird. Chopin schlägt die Zuhörer mit seiner feurigen *Grande Polonaise brillante Es-Dur für Klavier und Orchester* in Bann; einen noch größeren Zauber allerdings übt das ätherische *Andante spianato* aus, das einen nachhaltigen Eindruck hinterläßt. Obgleich er bei jedem Auftritt gefeiert wird, will Chopin kürzertreten, zu anstrengend ist der Rhythmus, zu groß die Erschöpfung. »Ich eigene mich nicht dazu, Koncerte zu geben«, vertraut er einmal einem befreundeten Künstler an. »Das Publikum schüchtert mich ein, sein Athem erstickt, seine neugierigen Blicke lähmen mich, ich verstumme vor den fremden Gesichtern. Aber du bist dazu berufen; denn wenn du dein Publikum nicht gewinnst, bist du doch im Stande, es zu unterwerfen.« (Franz Liszt, *Gesammelte Schriften. Friedrich Chopin*)

Die intensive Arbeit, die zahlreichen Konzerte, das aufreibende Leben der letzten Jahre – die, sowohl was die Zahl und die Bedeutung der Kompositionen als auch die Serie von Veröffentlichungen betrifft, zu den fruchtbarsten seiner Laufbahn gehören –, das alles fordert seinen Tribut. Chopin läßt sich zu einem Kuraufenthalt in Enghien nahe Paris überreden. Die Begegnung mit seinen Landsleuten, die den Sommer in Montmorency und Umgebung verbringen, gibt ihm neue Kraft. Außerdem trifft er die hinreißende Delphine Potocka wieder – es geht sogar das Gerücht, daß die beiden

Links:
*Es war Wojciech Żywny, der Chopin 1816 mit der Musik J. S. Bachs vertraut machte. Vermutlich hat Chopins Verehrung des alten Meisters hier ihren Ursprung. Immer wieder beschäftigte er sich mit seinen Kompositionen, um sein Genie in sich aufzunehmen.*

Unten:
*Chopins Schreibzeug.*
Sammlung Chopin-Gesellschaft Warschau.

mehr als nur Freundschaft verbindet – und genießt die Gesellschaft des Marquis Astolphe de Custine, der im nahen Saint-Gratien ein Schloß besitzt. Chopin schätzt den gelehrten Marquis als Gesprächspartner und fühlt sich wohl im Kreis seiner illustren Gäste, zu denen unter anderem auch Victor Hugo und Alphonse de Lamartine zählen.

### »Was kann man denn auch mehr?«

Zur gleichen Zeit, da Franz Liszt und Marie d'Agoult sich öffentlich zu ihrer Liebe bekennen – die Gräfin hat Ehemann, Tochter und das Haus in Saint-Germain verlassen, verzichtet auf Komfort und gesellschaftliche Anerkennung, nimmt es in Kauf, daß sie von ihren ehemaligen Freunden geschnitten wird, und bereitet sich unter dem Namen Catherine-Adélaide Méran in Genf auf die Geburt ihres Kindes vor (ein Mädchen, das Blandine-Rachel heißen soll) –, trifft Chopin Vorbereitungen für eine Reise ins böhmische Karlsbad, wo seine Eltern sich zur Kur aufhalten. Nach mehrtägiger Fahrt ohne Zwischenaufenthalte kommt er im August 1835 am selben Tag dort an wie seine Eltern, kann sie aber trotz fieberhafter Suche nirgends finden.

Am andern Morgen »um vier Uhr, wir waren noch nicht aufgestanden, (wurde) an unsere Tür geklopft«, schreibt Mikolaj Chopin seinen Töchtern. »Es war Herr Zawadzki, der kam, um uns zu sagen, daß er uns gestern überall mit Frédéric gesucht habe. Ihr könnt Euch sicher ausmalen, wie schnell ich angezogen war, und wir gingen gemeinsam den guten Jungen zu wecken, der (...) uns die angenehmste Überraschung zu bereiten gedachte; er hat seine Beschäftigungen in Paris verlassen und mehrere Nächte verbracht, um hier vor uns einzutreffen. (...) Wie kostbar uns diese Aufmerksamkeit ist, könnt Ihr ja beurteilen, die Ihr unsere Zärtlichkeit kennt. Wir haben Freudentränen vergossen.« Und der Sohn fügt ein paar Zeilen an die Schwestern hinzu: »Unsere Freude ist unbeschreiblich! (...) verzeiht mir, daß es mir nicht möglich ist, die Gedanken zu sammeln und etwas anderes zu schreiben, als daß wir in diesem Augenblick *glücklich* sind.« *(Briefe)* Chopin nimmt sich ein Zimmer in der Pension Goldene Rose in der Sprudelgasse, wo seine Eltern abgestiegen sind. Später folgt er der Einladung des Grafen Thun-Hohenstein auf dessen Besitz; die beiden Söhne des Grafen waren Pensionsgäste in der Warschauer Pension der Chopins. An die Kur schließt sich ein kurzer Aufenthalt auf dem gräflichen Schloß Tetschen an. Als die Eltern sich auf die Heimreise machen, begleitet der Sohn sie ein Stück weit. Dann heißt es Abschied nehmen. Es ist ein Abschied für immer. Aber die Erinnerung an dieses glückliche Wiedersehen in Karlsbad wird Chopin ein Leben lang beglei-

Oben:
*Henri Lehman,* Marie d'Agoult *und* Franz Liszt.
Musée Carnavalet, Paris.

Rechts:
*Der Band enthält eine kostbare Sammlung von Autographen, von denen die jüngsten aus dem späten 19. Jahrhundert stammen. Das Herzstück sind zwei Werke von Chopin und Liszt, die zwar im Abstand von mehreren Jahren geschrieben, hier aber zusammengenommen wurden. Sie stellen sozusagen Klaviermusik in Reinkultur dar, Höhepunkt einer Kunst, die die moderne Musik nachhaltig beeinflussen sollte.* Sammlung Celda Chopin-Sand, Kloster Valldemosa.

ten. Er verbringt noch einige Tage im Schloß, wo er, noch ganz unter dem Eindruck seiner unbändigen Freude, einen *Walzer As-Dur* (op. 34, Nr. 1) komponiert, den er der Gräfin widmet. Nachdem er ihrer Tochter ein paar Klavierstunden gegeben hat, verabschiedet er sich von seinen Gastgebern und bricht in Richtung Dresden auf.

Dort beabsichtigt er eine alte Freundschaft zu erneuern, und zwar mit den Brüdern Wodziński, die ebenfalls Pensionsgäste der Chopins waren. Als er Feliks, Antoni und Kazimierz in der Rampischen Straße aufsucht, erwartet ihn eine angenehme Überraschung in Gestalt von Maria, der bildhübschen jüngeren Schwester. Chopin verliebt sich Hals über Kopf in sie. Nach acht wunderschönen Tagen heißt es Abschied nehmen. Chopin wirft die Noten für einen Walzer aufs Papier, den berühmten »Abschiedswalzer« (*Walzer As-Dur,* op. 69, Nr. 1), der Trennungsschmerz und Mutlosigkeit verrät.

Von Dresden fährt Chopin nach Leipzig, wo er mit Robert Schumann und Felix Mendelssohn Bartholdy zusammentrifft. Die letzte Etappe auf dem Weg nach Frankreich ist

Heidelberg. Aber die Strapazen der langen Reise und die seelischen Belastungen haben ihre Spuren hinterlassen. Chopin erleidet einen Zusammenbruch. Es geht das Gerücht, Chopin liege im Sterben, Chopin sei tot. Bis nach Polen verbreitet sich die Nachricht von seinem vermeintlichen Ableben, und die ganze Familie ist in großer Sorge. Doch Chopin erholt sich wieder. Der Vater ermahnt ihn, sich künftig zu schonen, und bittet Jan Matuszyński, auf den Sohn einzuwirken, damit dieser ein etwas geregelteres Leben führe. Vergeblich. Chopin schlägt alle Warnungen und gutgemeinten Ratschläge in den Wind. Wieder zu Hause in Paris, setzt er seinen hektischen Lebensstil fort.

»Mir geht es gut – das ist alles
ich sende Dir diese ausgezeichnete Nachricht
mit einem Kuss«

(Chopin an seinen Schwager Antoni Barciński, 14. März 1836)

Die ersten Monate des Jahres 1836 vergehen für Chopins Geschmack viel zu langsam. Sein Alltag ist ausgefüllt mit gesellschaftlichen Verpflichtungen, und in den Salons, etwa

dem der Gräfin Potocka, der Tante der schönen Delphine, wird er nach wie vor enthusiastisch gefeiert. Aber seine Gedanken weilen bei Maria Wodzińska. Die Qual der Trennung wird mit jedem Tag größer, daran ändern auch die Briefe, die sie sich schreiben, nichts. Chopin schwelgt so sehr in seinen Liebesträumen, daß nicht einmal die Ankunft des neuen Wunderknaben Sigismund Thalberg ihn erschüttern kann. Der junge Mann hat unter anderem bereits in Wien mit seinen Klavierkünsten für Furore gesorgt. Chopin, der sein komisches Talent schon als Kind unter Beweis stellte, nimmt die Sache von der heiteren Seite und bringt mit Parodien auf den Klaviervirtuosen, der so fehlerfrei wie eine Maschine funktionieren soll, Freunde und Bekannte zum Lachen. Liszt hingegen hält Thalberg für einen ernst zu nehmenden Konkurrenten. Er kehrt aus der Schweiz, wo er den »Dummkopf vom Wallis« spielte, wie Chopin es liebevoll auszudrücken pflegt, zurück nach Paris, um seine Stellung in mehreren berühmt gewordenen Duellen zu verteidigen – mit Erfolg.

Mit Beginn der schönen Jahreszeit im Juni strömen die Kurgäste nach Enghien und die Exilpolen nach Montmorency. Chopin besucht General Kniaziewicz und den Schriftsteller Julian Niemcewicz. »Sie sind in Enghien gewesen, und ich hoffe doch sehr, daß Sie mich bei Ihrem nächsten Besuch in der Gegend nicht beleidigen werden, indem Sie woanders wohnen«, schreibt Astolphe de Custine im Juni 1836 an den Komponisten. Und vier Wochen später: »Sie kommen am Mittwoch. Sie wissen, daß Sie der einzige sind, der jederzeit unangemeldet hierherkommen kann, weil wir uns immer über Ihren Besuch freuen. Spielen Sie uns vor, was Sie Neues komponiert haben, und improvisieren Sie, woran Sie gerade arbeiten. Vor allem aber fühlen Sie sich zu nichts verpflichtet, es sei denn, mir Ihre Zuneigung zu schenken, aber genau das ist ja das Schwierige! Mir fällt es so leicht zu lieben, daß der Herrgott dieser unseligen Gabe eine andere hätte hinzufügen sollen, nämlich die, geliebt zu werden; aber genau das Gegenteil ist der Fall … Und Sie? Sie geheimnisvolles Genie, warum behandeln Sie mich wie alle andern, denen Sie nichts zu sagen haben?«

Chopin rührt das alles nicht im mindesten. Er wartet nur auf ein Zeichen der Wodzińskis, um nach Dresden oder sonstwohin zu fahren. »Vorausgesetzt, gewisse Personen halten sich dort auf«, munkelt man, halb belustigt, halb schockiert, in Warschau: Angeblich soll Marias Mutter, Teresa Wodzińska, dem Komponisten mehr zugetan sein als Maria selbst. Zu guter Letzt reist Chopin am 28. Juli 1836 nach Marienbad, wo seine Liebste und ihre Mutter sich aufhalten. Drei Wochen später, am 21. August, begleitet er sie nach Dresden, wo er bis zum 9. September bleibt. Der Abschied fällt den Liebenden unendlich schwer. Zwei Tage zuvor, in der Abenddämmerung, zur grauen Stunde, hat Chopin Maria gebeten, seine Frau zu werden. Ihr Ja hat ihn mit einem tiefen Glücksgefühl erfüllt. Die Worte *graue Stunde* stehen in ihrer Korrespondenz von nun an für dieses heimliche Versprechen. Teresa Wodzińska gibt den beiden ihren Segen, verlangt aber äußerste Diskretion, zumindest solange, bis auch ihr Ehemann seine Einwilligung gegeben hat. »Wie schade, daß Du am Sonnabend abgereist bist, als es mir so schlechtging, daß ich mich nicht um die *graue Stunde* kümmern konnte«, schreibt sie am 14. September an Chopin.

Oben:
*Rossmäßler,* Marienbad, *1836.*
Bibliothèque nationale, Paris.
*Seine Liebe zu Maria Wodzińska inspiriert Chopin zur Vertonung eines Gedichts von Adam Mickiewicz,* Meine Liebste. *Die Gesangsstimme ist lieblich und gefärbt von befangener Erotik; erst mit dem Wort »küssen« löst sich die Anspannung.*

Links:
Selbstbildnis Maria Wodzińska.
Sammlung É. Ganche. *Für Maria komponiert Chopin den* Walzer As-Dur *(op. 69 Nr. 1), dessen im chromatischen Wechsel geführte Melodie zart und einfühlsam die Gefühlsstürme eines Liebenden zum Ausdruck bringt.*

*Im königlichen Schloß in Saint-Cloud und seinem eleganten Park gab Chopin so manches Mal ein Privatkonzert für Louis Philippe und seine Familie.*

»Glaub nicht, ich hätte meine Meinung geändert, nein, es tut mir nur leid, daß wir nicht mehr besprechen konnten, wie wir nun weiter vorgehen wollen. Ich bitte Dich dennoch, Stillschweigen zu bewahren. Davon hängt im Moment alles ab. (…) Diese Vorsichtsmaßnahme ist notwendig, wenn meine Pläne sich verwirklichen und diese Gefühle sich bewähren sollen. (…) Vergiß nicht, dies ist eine Zeit der Prüfung.« Nach der Lektüre dieser Zeilen kann Chopin leichten Herzens nach Leipzig reisen, wo Robert Schumann den Besuch des »Wunderbaren«, wie er ihn einmal nannte, erwartet.

Der Herbst 1836 verläuft in einer heiteren Atmosphäre, die der Arbeit sehr zuträglich ist. Chopin bereitet seine *Ballade g-Moll* (op. 23) für die Drucklegung vor. »Von allen seinen Werken scheint mir dies das originellste und genialste zu sein«, äußert Robert Schumann in einem Brief an den Komponisten und Musikschriftsteller Heinrich Dorn vom September 1836. »Ich habe ihm gesagt, daß mir die Ballade von allen Stücken am besten gefällt. Er hat lange nachgedacht und dann im Brustton der Überzeugung ausgerufen: ›Das freut mich, sie ist nämlich auch mein Lieblingsstück.‹ Er hat mir eine ganze Reihe von neuen Kompositionen vorgespielt: Etüden, Nocturnes, Mazurken, unvergleichlich, wie er sie spielt. Es ist rührend anzusehen, wie er am Piano sitzt. Er wird Ihnen bestimmt gefallen. Aber Claras Spiel (die Tochter des berühmten Klavierlehrers Friedrich Wieck und künftige Frau Schumann) ist noch virtuoser. Sie verleiht seinen Kompositionen fast eine höhere Bedeutung als er selbst.« Neben der Ballade werden ferner veröffentlicht: das *Andante spianato* und die *Grande Polonaise brillante Es-Dur für Klavier und Orchester* (op. 22), *Zwei Polonaisen* (op. 26) sowie *Zwei Nocturnes* (op. 27).

Bei aller Arbeit findet Chopin noch die Zeit und die Energie, die Einladungen von Franz Liszt und Marie d'Agoult anzunehmen, die nach ihrer Rückkehr aus der Schweiz Ende des Sommers ein großes Appartement im Hôtel de France in der Rue Laffitte bezogen haben. Sie führen ein offenes Haus, und zum erlesenen Kreis der Gäste zählen Hector Berlioz, Giacomo Meyerbeer, Heinrich Heine und der Schriftsteller und Theologe Abbé Felicité de Lamennais.

UNTEN:
*Das Hôtel Lambert, die Pariser Residenz des Fürsten Czartoryski. Hier wird jedes Jahr ein Wohltätigkeitsbasar, der sogenannte »polnische Basar«, abgehalten, an dem Chopin, George Sand und auch Eugène Delacroix sich beteiligen. Letzterer schuf sogar einmal eigens für diese Veranstaltung einen* Christus am Kreuz, *der großes Aufsehen erregte.*

SEITE 85 OBEN:
*Eine Handvoll polnische Erde, Heimaterde. Als Chopin am 30. Oktober 1849 auf dem Pariser Friedhof Père-Lachaise beigesetzt wurde, verstreute man die Erde auf seinem Sarg.*

SEITE 85 UNTEN:
Mazurka als Gesellschaftstanz *(Ausschnitt).*
Bibliothèque nationale, Paris.

## »Moja Bieda«

Ende September 1836 zieht Chopin von der Rue de la Chaussée-d'Antin 5 in die Nummer 38. Die neue Wohnung hat nur zwei Zimmer, mehr braucht er nicht: Jan Matuszyński zieht nämlich aus, weil er heiratet. Es ist ein Brief von Teresa Wodzińska und ihrer Tochter, der zum erstenmal diese neue Anschrift trägt. Weihnachten rückt näher, das Fest, das Freunde und Verwandte zusammenbringt. Der Januar und der Februar gehen vorüber, aber kaum eine Zeile von Maria. Nur ihre Mutter hält den Briefwechsel mit Chopin aufrecht, der ihr die Gefälligkeiten, um die sie ihn bittet, gerne erweist.

Ende Februar wirkt Chopin völlig verstört. Der Ton der Briefe ist kühl, distanziert. In seiner Verzweiflung sucht er Mademoiselle Lenormand auf, eine berühmte Handleserin. Als sie ihm voraussagt, in der Liebe werde sich alles zum Guten wenden, schöpft er neue Hoffnung. Er vertraut sich seiner Mutter an, die entrüstet ist, als sie von dem Besuch

bei der Wahrsagerin erfährt, weil sie als gläubige Christin nichts davon hält, den göttlichen Willen ergründen zu wollen. »Ich kann verstehen, daß Du diese Frau aus Neugier aufgesucht hast«, schreibt sie ihm Ende Februar 1837, »aber man muß schon ein Übermaß an Mut besitzen, um sich ihre Weissagungen anzuhören, und mag der Verstand auch noch so nüchtern sein, so hätte eine schlimme Prophezeiung Dich doch sicherlich eine Zeitlang beunruhigt. Deshalb versprich mir, liebster Frycek, daß Du nicht mehr zu ihr gehen wirst.« Chopin wartet darauf, daß sich die Weissagung der Pariser Pythia erfüllt. Er stellt seine Reisepläne zurück und verzichtet auf die geplante Kur. Vielleicht trifft ja bald die ersehnte Nachricht ein, so daß er nach Deutschland oder in irgendeinen mondänen Badeort reisen kann, wo Maria Wodzińska auf ihn wartet. Chopin langweilt sich. Die Tage schleppen sich dahin zwischen Hoffen und Bangen.

Endlich erhält er ein paar Zeilen von Maria, ein Wort des Dankes für das Manuskript, das acht Vertonungen von Gedichten Adam Mickiewicz' und Stefan Witwickis enthält sowie ein *Lento con gran espressione*, das Zärtlichkeit und Zuneigung verrät. Doch der Ton ist kühl, reserviert, höflich, bedauernd: »Ich kann Ihnen nur mit ein paar Worten für das hübsche Heft, das Sie mir geschickt haben, danken. Ich werde gar nicht erst versuchen, meine Freude darüber zum Ausdruck zu bringen, es wäre sinnlos. Nehmen Sie bitte meinen allerherzlichsten Dank entgegen. Seien Sie versichert, daß unsere ganze Familie, insbesondere aber Ihre schlechteste Schülerin und Ihre Freundin aus Kindertagen, Ihnen aufrichtig zugetan ist. Leben Sie wohl, Mama umarmt Sie herzlich. Tereschen (Marias Schwester, die jüngste Tochter der Wodzińskis) spricht andauernd von ihrem *Chopena.* Leben Sie wohl, und vergessen Sie uns nicht.«

Der Brief bricht Chopin fast das Herz. Er ist so verzweifelt, daß sich seine Freunde ernsthafte Sorgen machen. Astolphe de Custine erkennt die ganze Tragweite der seelischen Notlage des Freundes und warnt: »Sie sind krank, und es besteht die Gefahr, daß Sie noch kränker werden. Ihre Seele und Ihr Körper haben die Grenzen der Belastbarkeit erreicht. Wenn der Kummer sich in Krankheit verwandelt, gibt

es keine Rettung mehr«, schreibt er Chopin mit schonungsloser Offenheit im Frühjahr 1837.

Als Camille Pleyel Mitte Juli eine Reise nach London antritt, um die berühmte Klavierfabrik Broadwood zu besichtigen, schlägt er Chopin vor, ihn zu begleiten. Dieser sagt spontan zu. In London gibt er unter dem Pseudonym Fritz (das Inkognito ist schnell gelüftet!) sogar einige Kostproben seines Könnens. Mademoiselle Lenormands Prophezeiung soll sich jedoch nicht erfüllen. Chopin erreicht in London ein Brief von Teresa Wodzińska, in dem sie ihm mitteilt, daß die Verlobung mit der Tochter aufgelöst sei. Die Nachricht schmettert ihn nieder. »Es soll ihm sehr schlechtgehen«, sorgt sich Felix Mendelssohn Bartholdy in einem Brief an Ferdinand Hiller vom September 1837.

Zurück in Paris steckt Chopin alle Briefe von Maria und ihrer Familie in einen Umschlag, legt die Rose dazu, die Maria ihm 1835 geschenkt hatte, versiegelt und verschnürt den Umschlag und beschriftet ihn mit einem verzweifelten *Moja bieda*, mein Unglück. Eine bescheidene Grabstätte für eine erloschene Leidenschaft.

Fryderyk Buchholtz
W WARSZAWIE

# MALLORCA – EINE LIEBE IM WINTER

*»Was für eine unsympathische Frau, diese Sand! Ist sie überhaupt eine Frau? Fast möchte ich es bezweifeln.«*

(Aus einem nicht erhaltenen Brief Frédéric Chopins)

Es gibt schicksalhafte Begegnungen, unerwartete Begegnungen, Begegnungen, die durch irgendeinen rätselhaften Zufall zustande kommen. Die erste Begegnung zwischen George Sand und Chopin ist eine solche. Sie findet 1836 bei Franz Liszt und Marie d'Agoult statt. Chopin, eine Zeitlang Liszts Nebenbuhler, wird damals heftig von der schönen Gräfin bedrängt und mit Einladungen nach Croissy, wo sie ihn mit »köstlicher Milch und dem Gesang der Nachtigallen« zu verwöhnen verspricht, überschüttet.

George Sand zählt ebenfalls zum Freundeskreis des Paares. Sie ist eine langjährige Nachbarin, erst am Quai Malaquais und jetzt in der Rue Laffitte. Liszt und Gräfin d'Agoult bewohnen ein Appartement im ersten Stock des Hôtel de France, George Sand ein einfaches Zimmer im Erdgeschoß. Den Salon teilen sie sich, und da sie ein gastfreies Haus führen, bleibt er selten ungenutzt. Zu den Gästen, die Liszt mit seinem Klavierspiel unterhält, zählen Berlioz, Lamennais, Musset, Meyerbeer.

In diesem Salon treffen sich Chopin und George Sand zum erstenmal. Er ist 26, sie 32. Seine Erfahrungen mit der

Oben:
*Teofil Kwiatkowski,* Chopin, *1849.* Musée de l'Opéra, Paris.

OBEN:
*Josef Danhauser,* Liszt am Flügel *(mit A. Dumas Vater, A. de Musset, V. Hugo, N. Paganini, G. Sand, G. Rossini, M. d'Agoult; auf dem Flügel eine Büste L. van Beethovens), 1840.* Nationalgalerie, Berlin. *Das Gemälde wurde von dem Wiener Klavierfabrikanten Konrad Graf in Auftrag gegeben.*

Liebe beschränken sich auf keusche Beziehungen zu jungen, mehr oder weniger aus der Ferne verehrten Polinnen. Sie ist geschieden und zieht allein ihre zwei Kinder groß, bekennt sich ohne Scham zu ihren zahlreichen Liebschaften, setzt sich elegant über alle bürgerlichen Konventionen hinweg und tritt vehement für die Gleichberechtigung der Frau ein. Er legt größten Wert auf sorgfältige, modische Kleidung, trägt das blonde Haar perfekt gelockt und frisiert, geht nie ohne seine weißen Handschuhe aus dem Haus. Seine ganze Person strahlt äußerste Empfindsamkeit aus, eine Eleganz, wie sie selten anzutreffen ist, eine außergewöhnliche Gemütstiefe und Feinfühligkeit. Sie hingegen ist nachlässig in ihrem Äußeren; das lange, kastanienbraune Haar hängt ihr offen bis auf die Schultern herab; sie duzt einige ihrer Besucher, raucht Zigarren und, was dem Ganzen die Krone aufsetzt, trägt Männerkleidung. Er, »eine empfindliche, himmlische und auf Erden gleichsam in der Fremde weilende Natur« (André Maurois, *Das Leben der George Sand*), der Emigrant, der Sich-Zerquälende, der Zarte, der Schüchterne, den ein »welkes Rosenblatt und der Schatten einer Fliege außer sich (bringt)« (George Sand, *Geschichte meines Lebens*, zitiert nach André Maurois, *Das Leben der George Sand*), haßt Lärm, fürchtet den Skandal, verabscheut alles Ordinäre. Sie, die Nachfahrin des polnischen Königs August II., des Starken, Urenkelin des berühmten Maréchal de Saxe, wie Moritz Graf von Sachsen, ein natürlicher Sohn Augusts des Starken, genannt wurde, ist überzeugte Demokratin und Sozialistin. Sie ist die Frau gewordene Ungezwungenheit; er ist die Mann gewordene Zurückhaltung. Sie ist die Stärke, er die Schwäche. Sie ist »die Diabolische«, er »der Engel«.

Nach der ersten Begegnung sagt Chopin zu Hiller, der neben ihm im Fiaker sitzt: »Was für eine unsympathische Frau, diese Sand! Ist sie überhaupt eine Frau? Fast möchte ich es bezweifeln.« Ein paar Tage später schreibt er seinen Eltern: »Ich habe eine große Berühmtheit kennengelernt: Madame Dudevant, bekannt unter dem Namen George Sand. Ihr Gesicht ist mir nicht sympathisch, und sie hat mir überhaupt nicht gefallen. Es ist an ihr sogar etwas, was mich abstößt« (zitiert nach Willi Reich, *Frédéric Chopin. Briefe und Dokumente*). George Sand zahlt es ihm mit gleicher Münze zurück: Sie erzählt jedem, der es hören will, Chopin erinnere sie eher an ein schmächtiges junges Mädchen als an einen Mann. Damit hätte die Angelegenheit erledigt und die Geschichte zu Ende sein können. Doch etwas an Chopin reizt George Sand, die ihrer Beziehung zu dem Bühnenautor Félicien Mallefille, ihrem Privatsekretär und Hauslehrer ihrer Kinder, überdrüssig ist. Der junge Komponist löst ver-

RECHTS:
*Porträt des Giacomo Meyerbeer. Der Klaviervirtuose gab bereits mit neun Jahren sein erstes Konzert. Er zählte zu den berühmtesten Opernkomponisten seiner Zeit.*

loren geglaubte Empfindungen, eine unerklärliche Erregung in ihr aus. Als der Zufall sie bei Freunden wieder zusammenführt, geraten ihre Gefühle noch heftiger in Aufruhr. Sie will ihn verführen, um jeden Preis. Um sein Interesse zu

wecken, ist ihr jedes Mittel recht. Einmal sucht sie ihn in einem türkischen Gewand auf, in Weiß und Rot, den Farben Polens. Aber er scheint blind und taub zu sein. Er ist viel zu sehr mit einem ganz anderen Problem beschäftigt, nämlich seiner heimlichen, sich in der Schwebe befindlichen Verlobung mit Maria Wodzińska, als daß er dieser Frau, die eine einzige Provokation ist, seine Aufmerksamkeit schenken würde. Sein Widerstand verärgert George Sand, entmutigt sie aber nicht, auch wenn sie Paris zunächst einmal verläßt und sich auf den von der Großmutter geerbten Familienbesitz Nohant bei La Châtre zurückzieht. Kaum angekommen, schreibt sie sogleich einen Brief an Marie d'Agoult, in dem sie sich nach Chopin erkundigt. Mit der gewohnten Bosheit, vielleicht auch beseelt von dem heimlichen Wunsch, Chopin selbst zu erobern, antwortet die Gräfin ihr: »Chopin hustet mit unendlicher Anmut« (26. März 1837) und: »Chopin ist ein unwiderstehlicher Mann, nur hustet er ständig« (8. April 1837). (Zitiert nach Willi Reich, *Frédéric Chopin. Briefe und Dokumente*)

Als der Sommer naht, lädt George Sand die Gräfin d'Agoult nach Nohant ein und bittet sie, Chopin ebenfalls eine Einladung zu übermitteln. Doch dieser hält sich zu dem Zeitpunkt in London auf.

Im Herbst sehen sich die beiden in Paris wieder öfter. Und jedesmal beginnt dasselbe Spiel von neuem: Sie gibt sich die größte Mühe, seine Aufmerksamkeit zu erregen, er zeigt ihr die kalte Schulter, wodurch er ihr Verlangen nur noch steigert. Zu allem entschlossen schickt sie ihm schließlich eine Nachricht mit den Worten: »Man betet Sie an! George«, und die Schauspielerin Marie Dorval, ihre Freundin, fügt hinzu: »Ich auch! Ich auch! Ich auch!« Mit der Zeit verblaßt der erste negative Eindruck, und Chopin, beeindruckt von George Sands Schönheit und ihrer Intelligenz, fühlt sich mehr und mehr zu ihr hingezogen. Im Oktober 1837 notiert er in sein Tagebuch: »Ich habe sie dreimal wiedergesehen. Sie schaute mir tief in die Augen, während ich spielte. Es war eine etwas traurige Musik, Donaulegenden; mein Herz tanzte mit ihr durch das Land. Und ihre Augen in die meinen versenkt, dunkle, seltsame Augen, was sagten

*Auguste Charpentier,*
George Sand.
Musée de la Vie romantique, Paris.

# ÜBER DAS KLAVIER

*»Dem Klavier vertraue ich an, was ich so oft Dir sagen möchte.«*

(Brief an Tytus Woyciechowski vom 3. Oktober 1829. Briefe)

Rechts:
*E. Renard,* Drechslerwerkstatt in der Klavierfabrik Camille Pleyel. Bibliothèque nationale, Paris.

Das Klavier, um 1700 von Bartolommeo Cristofori erfunden, ist das Musikinstrument, das vom 18. Jahrhundert bis zur Gründung einer kurzlebigen französischen Republik 1848 alle politischen Umbrüche in Europa begleitet hat. Es ist ein Soloinstrument, das weder auf ein Publikum noch auf andere Musiker angewiesen ist. Der Eigenname Piano oder Pianoforte ist im Grunde keiner, denn er bedeutet nichts anderes als »leise« beziehungsweise »leise-laut«, weil die Tasten des Hammerklaviers im Gegensatz zum Klavichord und zum Spinett leise und laut angeschlagen werden können, was den Musikern von damals ungeahnte Möglichkeiten neuer Ausdrucksformen bescherte. Seine unverwechselbare Klangfülle, die erstaunlichen, fast ungebändigten, von Interpret zu Interpret unterschiedlichen Nuancen haben ihm die Türen der Salons geöffnet. Es ist die »alte Generation« der Pianisten, nämlich jene vor Chopin, die zum Erfolg des leichten und graziösen, ausdrucksgewaltigen und brillanten Instruments beigetragen hat. Dank bedeutender Musiker wie dem Italiener Muzio Clementi, einem der ersten Klavierlehrer überhaupt, dessen berühmtester Schüler John Field ist, tritt das Pianoforte seinen Siegeszug über das Cembalo an und macht sich auf, die Konzertsäle zu erobern. Broadwood in London sowie Érard und Pleyel in Paris arbeiten an einer Weiterentwicklung des Instruments, und so entsteht ein moderneres, kraftvolleres, aber auch schwereres Piano, das das alte Modell bald verdrängen wird.

Unten:
*Handbuch für den Klavierstimmer und Stimmschlüssel.*

Chopins erstes, sehr leichtes Klavier von fast seraphischem Klang stammte aus dem Hause Frédéric Buchholtz in Warschau. Nach den Instrumenten, auf denen er während seiner Aufenthalte in Deutschland und Österreich spielte, findet er sein ästhetisches Ideal in der 1807 gegründeten Klavierfabrik Pleyel. Die Namen Chopin und Pleyel sind von da an untrennbar miteinander verbunden. Vielleicht rührt die besondere Harmonie zwischen Instrument und Künstler daher, daß Ignaz Pleyel, ein Schüler Joseph Haydns und eine Zeitlang ebenso berühmt wie sein Lehrer, seine eigenen Erfahrungen als Pianist in den Instrumentenbau einbrachte.

Vielleicht liegt es auch daran, daß ein Pleyel-Flügel einen leichten Anschlag, einen klaren, hellen Klang hat und von geringem Gewicht ist. Und schließlich sind Chopin und Camille Pleyel, der Sohn des Firmengründers, einander in Freundschaft und gegenseitigem Respekt verbunden, und Pleyel hat so manche Anregung des Komponisten dankbar aufgegriffen. Ein Pleyel-Flügel ist fast so etwas wie das Instrument der Seele, das »der Musik und nur der Musik«. Die Flügel aus dem Hause Érard sind im Vergleich dazu klangstärker. Die 1823 erfundene Repetitionsmechanik ermöglicht (durch doppelte Auslösung) eine sehr schnelle und modulierbare Repetition ein und desselben Tons, wodurch überwältigende Fortissimos erzeugt werden können, Effekte, die wie geschaffen sind für die Wiedergabe von innerem Feuer, von Aufruhr, von Gefühlsstürmen und die daher eher dem Genie Beethovens und Liszts entsprechen. Chopins Spiel ist keineswegs kraftlos oder gar morbid – das ist ein von der Romantik gefälschtes Bild –, aber es erfordert eine gleichbleibende Aufmerksamkeit. Seine Fortissimos sind niemals laut, sondern entspringen einem unendlich fernen Pianissimo, das aus seinem tiefsten Innern zu kommen scheint, so daß sie wie gewaltige Entladungen der Seele anmuten, wie der Ausbruch eines von Musik Berauschten.

LINKS:
*Jules Rigo,* Das Ladengeschäft der Klavierfabrik Érard.
Musée Carnavalet, Paris.

LINKS:
*Der letzte Pleyel-Flügel von Frédéric Chopin. Auf einer Messingtafel am Instrument kann man lesen: »Dieser Flügel befand sich zwei Jahre lang im Besitz von Frédéric Chopin in Paris, erst am Square d'Orléans 9 Rue Saint-Lazare, dann in der Rue de Chaillot 74 und zum Schluß an der Place Vendôme 12 bis zu seinem Tod am 17. Oktober 1849. Es ist das letzte Instrument, auf dem er spielte und komponierte.«* Sammlung Chopin-Gesellschaft Warschau.

UNTEN:
*»Beim abendlichen Spaziergang muß man sich immer wieder ins Gedächtnis zurückrufen, daß es Bäume sind. Traute man nämlich seinen Augen und seiner Einbildung, würde einen inmitten dieser wunderlichen Unholde das Grauen packen: manche krümmen sich wie mächtige Drachen mit aufgerissenem Maul und gespreizten Flügeln; andere sind in sich selbst verschlungen wie schlafende Riesenschlangen; wieder andere umklammern sich wie zyklopische Ringkämpfer. Bald entführt ein galoppierender Zentaur eine häßliche Vettel auf seiner Kruppe; bald verschlingt ein namenloses Reptil ein zuckendes Reh; etwas weiter tanzt ein Satyr mit einem Ziegenbock (...) Und oft ist es ein einziger rissiger, knotiger, krummer, verwachsener Baum, den man für eine Gruppe von zehn verschiedenen Bäumen hält; er ganz allein verkörpert diese verschiedenen Ungetüme und fügt sie in einem einzigen Kopf zusammen, der gräßlich ist wie der eines indischen Götzen und einen einzelnen grünen Zweig als Helmzier trägt.« (George Sand,* Ein Winter auf Mallorca.)

VORHERGEHENDE DOPPELSEITE:
*Aus einem kleinen Tal ragt der wuchtige Bau der ehemaligen Kartause von Valldemosa auf.*

sie? Sie stützte sich auf den Flügel, und ihre glühenden Blicke umfingen mich ... Blumen ringsum. Mein Herz war gefangen! Seitdem habe ich sie zweimal wiedergesehen ... Sie liebt mich ... Aurora, welch entzückender Name!« (Zitiert nach André Maurois, *Das Leben der George Sand.*)

Das Frühjahr 1838 bringt endlich den »Höhepunkt des Glücks«. Und dennoch wird George Sand von schweren Zweifeln geplagt: Ist sie im Begriff, eine Beziehung zu zerstören, nämlich die zu Maria Wodzińska? In ihrer Not vertraut sie sich Wojciech (Albert) Grzymała an, einem ehemaligen Diplomaten, der ein enger Freund sowohl Sands als auch Chopins und dessen Vertrauter ist. In dem berühmten, von Ende Mai 1838 datierten Brief offenbart George Sand auf

32 Seiten ihr Innerstes, ihre geheimsten Gedanken und Gefühle. Da sie glaubt, Chopin sei verlobt, stellt sich für sie die Frage, ob sie auf den Mann, den sie liebt, nicht verzichten muß: »Ist dieses Mädchen, das er lieben will oder soll oder glaubt lieben zu müssen, geeignet, ihn glücklich zu machen oder wird sie seine Leiden und seine Traurigkeit nur noch vermehren? (...) Ich möchte wissen, auf welche *von uns beiden* er verzichten oder welche er verlassen muß, um seiner Ruhe und seines Glückes willen, letztlich um seines Lebens willen, das mir wenig widerstandsfähig und zu zerbrechlich erscheint, um großen seelischen Belastungen standhalten zu können.« Andererseits bekennt sie aber auch freimütig, sie habe ihre Gefühle für ihn weder vorhersehen können, noch sei sie imstande, dagegen anzukämpfen: »(...) es ist alles plötzlich über mich hereingebrochen und es liegt nicht in meiner Natur, mich von der Vernunft beherrschen zu lassen, wenn die Liebe sich meiner bemächtigt.« (George Sand, *Nimm Deinen Mut in beide Hände. Briefe*) Was also soll sie tun, wie sich entscheiden? Und was soll aus dem »armen Mallefille« (André Maurois, *Das Leben der George Sand*) werden, dem schönen Kreolen, ihrem Geliebten?

Chopin seinerseits quält sich ebenfalls und bittet Grzymała um Hilfe: »Ich muß Dich unbedingt heute noch sehen, und sei es mitten in der Nacht ... um Mitternacht oder ein Uhr früh ... Ich brauche Deinen Rat.« Anscheinend findet Grzymała für beide die richtigen Worte, denn George Sand kehrt wenig später nach Paris zurück. Als er Chopin

Seite 96 oben:
*Die Einsiedelei La Trinitat.*

Links:
*»Alles, was Dichter und Maler sich erträumen können, hat die Natur hier geschaffen.«* (*George Sand*, Ein Winter auf Mallorca.)

die Nachricht überbringt, ruft dieser aus: »Was soll nun werden? Das weiß der Herr allein.«

Der Sommer 1838 wird ein Glückssommer. Zumindest für Sand und Chopin, nicht aber für den armen Mallefille, der die Geliebte jedoch nicht kampflos aufgibt. Eines Tages lauert er ihr vor Chopins Haus auf, und als sie herauskommt, will er sich, rasend vor Eifersucht, auf sie stürzen. Ein zufällig vorbeifahrendes Fuhrwerk versperrt ihm den Weg und gibt George Sand Gelegenheit, sich in einen Fiaker zu flüchten. Mallefille war mit einer Pistole bewaffnet. An den mit ihm befreundeten Pierre Leroux schreibt Sand im September 1838: »Wenn bei Ihnen die Rede auf die Frauen kommt, so sagen Sie ihm nur, daß sie dem Manne nicht durch das Recht der brutalen Gewalt angehören, und daß man nichts einrenkt, indem man sich die Kehle durchschneidet.« Voller Schadenfreude schildert Marie d'Agoult die Episode in einem Brief, den sie mit den süffisanten Worten beschließt: »Hier wird der Dramendichter dramatisch; er schreit, brüllt, wird wild und will töten. (...) Man beruhigt Mallefille, und George sucht mit Chopin das Weite, um im Schatten der Myrten von Palma süße Liebe zu pflegen!« (Brief an Major Pictet vom 10. Januar 1839, zitiert nach André Maurois, *Das Leben der George Sand*)

Ein Winter auf Mallorca

*»Alle, die wir etwas Muße und Geld haben, reisen oder vielmehr wir fliehen, denn es handelt sich nicht so sehr ums Reisen als ums Wegkommen. Wer von uns hätte sich nicht von irgendeinem Kummer abzulenken oder ein Joch abzuschütteln?«*

(George Sand, Ein Winter auf Mallorca)

OBEN:
*Der Gemüsegarten in der Einsiedelei La Trinitat. »In Mallorca erblüht (die Natur) unter den Küssen eines feurigen Himmels und lächelt unter den Stößen der lauen Winde (...) Nach dem Unwetter richtet sich die sturmgebeugte Blume kräftiger auf als zuvor (...)« (George Sand,* Ein Winter auf Mallorca.)

RECHTS:
*Die Kartause von Valldemosa, gezeichnet von Maurice Sand.*
Sammlung Celda Chopin-Sand.

SEITE 99:
*Gegenüber der von George Sand und Chopin gemieteten Zelle liegt am andern Ende des Kreuzgangs die Kapelle.*

George Sand spielt bereits seit Monaten mit dem Gedanken, für längere Zeit nach Südfrankreich oder auch Italien zu ziehen. Ihr Sohn Maurice, ein kränkelndes Kind, leidet an Rheuma, und die Ärzte raten ihr schon seit längerem dazu, im milden Mittelmeerklima zu überwintern. Ein Empfang des spanischen Konsuls Marliani gibt schließlich den Ausschlag. Der Konsul und seine Gäste rühmen nämlich die Vorzüge der Balearen mit ihren milden Wintern und ihrer üppigen Vegetation. In den schönsten Farben schildern sie das Azurblau des Meeres, die Palmen und Zypressen, die Orangen- und Zitronenbäume, die sich unter der Last der Früchte biegen, die Feigen- und Granatapfelbäume, die klaren, duftenden, von Gitarrenklängen erfüllten Nächte. Die Wahl fällt auf Mallorca. Chopin, ganz verzaubert von der Beschreibung der märchenhaften Insel, schlägt George Sand vor, sie zu begleiten. Er erhofft sich von der südlichen Wärme Heilung von dem hartnäckigen Husten, der ihm zu schaffen macht. Und was kann seiner jungen Liebe zu der Schriftstellerin zuträglicher sein als die Abgeschiedenheit einer Insel, fern von Paris und seinem Klatsch? Im November bricht George mit ihren Kindern Maurice und Solange in Richtung Süden auf. Sie lassen sich Zeit, besuchen unterwegs Freunde, legen einen Zwischenaufenthalt in Lyon ein, dann in Avignon, in Fontaine-de-Vaucluse, wo sie sich die mächtige Karstquelle anschauen, und in Nîmes, wo sie das Amphitheater besichtigen.

Chopin macht sich kurz danach ebenfalls auf den Weg. Ohne Rücksicht auf seine Gesundheit fährt er in unbequemen Postkutschen vier Tage und Nächte durch. Astolphe de Custine ermahnt ihn vergeblich: die Liebe macht ihn taub und blind. »Das unglückliche Geschöpf sieht nicht, daß diese Frau ihn liebt wie ein Vampir«, klagt er. »Er reist ihr nach Spanien nach, von wo er sicher nicht mehr zurückkommen wird. Er hat nicht den Mut gehabt, mir zu sagen, daß er mit ihr zusammensein wird; er hat nur gesagt, daß er ein mildes Klima und Ruhe braucht! Ruhe! In Gesellschaft eines Vampirs!« Chopin jedenfalls ist glücklich, und als er in Perpignan eintrifft, wo George Sand ihn in Empfang nimmt, stellt sie fest, daß er »frisch wie eine Rose und rosig wie eine Rübe« und bei bester Gesundheit ist: er hat »die vier Nächte in der Postkutsche heldenhaft durchgestanden«, schreibt sie der Gräfin Marliani Anfang November 1838.

Gemeinsam fahren Chopin, Sand, die zehnjährige Solange und der 15jährige Maurice sowie Amélie, das Dienstmädchen, nach Port-Vendres, wo sie sich auf der *Phénicien* nach Barcelona einschiffen. Dort mieten sie sich im Hotel Quatro Naciones ein und spielen Tourist: Sie besichtigen die

ehemaligen Kerker der Inquisition, die Kirchen und Theater, machen Ausflüge in die Umgebung und nehmen an einem Empfang an Bord eines französischen Kriegsschiffs teil. Am 7. November 1838 um fünf Uhr abends sticht der kleine Frachtdampfer *El Mallorquín* in Richtung Mallorca in See. Das Paar verbringt fast die ganze Nacht an Deck, »wo die einzige Lichtquelle eine eigenartige Phosphoreszenz im Kielwasser des Schiffes war« und wo sie dem geheimnisvollen Gesang des Rudergängers lauschen, der singt, um nicht einzuschlafen: »Es war eher eine Träumerei als ein Lied, ein unwillkürliches Schweifenlassen der Stimme« *(Ein Winter auf Mallorca)*. Solange wird während der Überfahrt seekrank, was Maurice zu der sarkastischen Bemerkung veranlaßt, jetzt werde sie endlich einmal ihr ganzes Gift ausspeien.

Am andern Morgen, bei Tagesanbruch, entdecken sie verzückt die Steilküste der Insel. Ein Bild, wie sie es sich erträumt hatten: »Der Himmel ist wie Türkis, das Meer wie Azur, die Berge wie Smaragde, die Luft wie im Himmel«, gibt Chopin seinen ersten Eindruck in einem Brief an Julian Fontana wieder (15. November 1838. *Briefe*). Am späten Vormittag legt der Dampfer im Hafen von Palma, der Hauptstadt, an. Eine böse Überraschung erwartet die Neuankömmlinge: es gibt weder Hotels noch Gasthäuser auf der Insel. Darüber hinaus haben zwanzigtausend Bürgerkriegsflüchtlinge alles, selbst den baufälligsten Schuppen, mit Beschlag belegt. Zu guter Letzt beziehen sie zwei ungemütliche Kammern in der Calle del Mar direkt über einer Böttcherei. Sechs Tage müssen sie es dort aushalten.

Endlich bietet sich etwas Besseres. »Ich verlasse die Stadt und ziehe aufs Land«, teilt George Sand Gräfin Marliani am 14. November mit. »Ich habe ein hübsches möbliertes Haus gemietet, mit Garten, in herrlicher Lage für fünfzig Francs im Monat. Und zwei Meilen davon entfernt werde ich noch eine Zelle haben, das heißt drei Zimmer und einen Garten von Zitronenbäumen (…) in der großen Kartause von Valldemosa! Hier ist Poesie, hier ist Einsamkeit, das Höchste an Künstlerischem und Elegantem unter dem Himmel! Und was für ein Himmel! Was für eine Landschaft! Wir sind hingerissen! Das Land, die Natur, die Bäume, der Himmel, das Meer,

die Bauten übersteigen alle meine Träume: es ist das Gelobte Land!« (zitiert nach Willi Reich, *Frédéric Chopin. Briefe und Dokumente*).

Chopin ist nicht minder begeistert, wie ein Brief an seinen Freund Fontana zeigt: »Ich bin in Palma, unter Palmen,

Zedern, Kakteen, Oliven, Orangen, Zitronen, Aloen, Feigen, Granaten und so weiter. (...) Am Tage herrscht Sonne, alle gehen sommerlich gekleidet, und es ist heiß; in der Nacht hört man stundenlang Gitarren und Gesang. Riesige Balkone mit Weintrauben über dem Kopf; mauretanische Gemäuer. Alles schaut ebenso wie die Stadt nach Afrika. Mit einem Wort, ein wundervolles Leben!« Das einzige, was seine Stimmung trübt, ist, daß sein Flügel noch nicht angekommen ist, und er bittet Fontana, Pleyel deswegen aufzusuchen. »Wohnen werde ich gewiß in dem wundervollen Kloster«, fügt er hinzu, »es hat die schönste Lage auf der ganzen Welt« (15. November 1838. *Briefe*).

Aber vorher gilt es Möbel, Geschirr, Wäsche zu beschaffen. Und da das seine Zeit dauert, werden sie zunächst einmal das Angebot des Señor Gomez annehmen und das Landhaus *S'on Vent*, Haus des Windes, in dem Dörfchen Establiments unweit von Palma mieten. Es wird ihnen, was auf der Insel höchst ungebräuchlich ist, mitsamt der Einrichtung überlassen. Eine spartanische Einrichtung: Gurtbetten, Stühle mit strohgeflochtenen Sitzflächen, kahle, kalk-

Seite 100:
*Der Klostergarten, eine Oase des Friedens und ein idealer Spielplatz für Solange und Maurice, sofern es nicht gerade in Strömen regnet ...*

Links:
*Der ehemalige Haupteingang der Kartause, gezeichnet von Maurice Sand.* Sammlung Celda Chopin-Sand, Kloster Valldemosa.

geweißte Wände. Das Haus ist allerdings in eine grandiose Landschaft eingebettet: sanfthügelige Weiden, terrassenförmig angelegte Felder und Äcker, von Kaktushecken eingefriedete Bauernhäuschen, tannenbestandene Berge, waldähnlich sich ausbreitende Johannisbrot- und Olivenbäume. Drunten am Fuße des Hügels fließt ein Bach, um diese Jahreszeit kaum mehr als ein Rinnsal: die Riéra. An manchen Stellen kann man, von Stein zu Stein hüpfend, dessen Bett durchqueren. Der Duft blühender Zitronenbäume vermischt sich mit jenem der Myrten. Es ist eine Szenerie, wie Vergil

Rechts:
Chopin und Maurice Sand auf Mallorca, *gezeichnet von Maurice Sand*. Sammlung S. André Maurois.

sie beschrieben haben könnte. Im Hintergrund zeichnen sich die Mauern von Palma und die massige Silhouette der Kathedrale vor dem Horizont ab, und das Meer erstreckt sich, so weit das Auge reicht. »(Wir) nannten dieses Fleckchen unseren Poussin, weil seine ungezwungene Grazie und stolze Melancholie uns an die Landschaften erinnerte, die dieser große Maler besonders geliebt haben muß.« *(Ein Winter auf Mallorca)*

## Wer in Spanien hustet ...

Ein Unwetter und der Beginn der Regenzeit bereiten dem Traum ein jähes Ende. Das »Haus des Windes« wird unbewohnbar. Es regnet in jedes Zimmer, und der Kalkbewurf an den dünnen Mauern saugt sich mit Wasser voll wie ein Schwamm. Kamine gibt es nicht, als Wärmequelle dienen *braseros*, Holzkohlebecken, die so stark qualmen, daß man bald nicht mehr weiß, ob man wegen der Feuchtigkeit oder wegen des Rauchs husten muß. Für Chopin ist das feuchte Klima eine Qual. Seine Atembeschwerden und der gefürchtete Husten stellen sich von neuem ein. »Die letzten beiden Wochen war ich krank wie ein Hund: trotz 18 Grad Wärme, trotz der Rosen, Orangen und Feigen habe ich mich erkältet«, schreibt er Julian Fontana. »Die drei berühmtesten Ärzte von der ganzen Insel haben mich untersucht; der eine beschnupperte, was ich ausspuckte, der zweite klopfte dort, von wo ich spuckte, der dritte befühlte und horchte, wie ich spuckte. Der eine sagte, ich sei krepiert, der zweite meinte – daß ich krepiere, der dritte – daß ich krepieren werde. (...) Ich konnte es nur mit Mühe verhindern, daß man mich zur Ader ließ, mir Wezykatorien (Heilpflaster) ansetzte und Eiterungen hervorrief, und dank der Vorsehung fühle ich mich heute wie gewohnt« (Brief vom 3. Dezember 1838. *Briefe*). Zwar geht es ihm besser, aber die Nachricht von seiner Krankheit hat sich bereits wie ein Lauffeuer auf der Insel

Rechts:
*Die ehemalige Apotheke der Kartause, wo George Sand das dringend benötigte Benzoeharz zum Preis von Gold abgewogen wurde.*

*Zeichenmappe von Maurice Sand und Zeichnungen mallorquinischer Trachten.*
Sammlung Celda Chopin-Sand, Kloster Valldemosa.

verbreitet. Von Schwindsucht ist die Rede, von der Ansteckungsgefahr für die Bevölkerung. »Einer der hustet, gilt in Spanien als schwindsüchtig, und wer schwindsüchtig ist, wird behandelt wie ein Pestkranker, Räudiger, Aussätziger«, klagt George Sand in einem Brief an Gräfin Marliani vom 15. Februar 1839 (zitiert nach Willi Reich, *Frédéric Chopin. Briefe und Dokumente*). Für die Insulaner werden sie »ein Gegenstand des Abscheus und des Schreckens« (André Maurois, *Das Leben der George Sand*). Señor Gomez fordert seine Mieter schriftlich auf, das Haus unverzüglich zu räumen, und verlangt Schadensersatz, weil sein Haus verseucht worden sei und deshalb die Betten verbrannt und die Wände neu verputzt werden müßten.

»Morgen fahren wir zur Kartause von Valldemosa, dem poetischsten Wohnsitz auf der ganzen Welt«, schreibt George Sand Mitte Dezember 1838 an Gräfin Marliani. »Ich habe noch nie im Leben eine lieblichere Natur gesehen als hier auf Mallorca.« Und Christine Buloz, der Frau des Gründers der *Revue des Deux Mondes*, beschreibt sie die Gegend so: »Die Orangen- und Zitronenbäume in unserem Garten hängen so voll, daß die Äste unter der Last brechen. Wir haben hier Kakteen, die zwanzig und dreißig Fuß hoch sind, das Meer eine halbe Meile entfernt, einen Esel für Ausflüge in die Stadt, für Besucher unzugängliche Wege, gewaltige und architektonisch einzigartige Klöster, eine reizende Kirche, einen Friedhof mit einer Palme und einem Steinkreuz, Rabatte mit gestutztem Buchs, und das alles für uns allein. Ich hoffe, wir werden Besuch von Gespenstern haben.«

Chopin scheint weniger begeistert, wie folgender Brief an Julian Fontana vom 28. Dezember 1838 zeigt: »(…) zwischen Felsen und Meer liegt das verlassene gewaltige Kartäuserkloster, in dem Du Dir mich in einer Zelle mit Tür,

einem *Tor*, wie es nie in Paris eines gab, vorstellen kannst, unfrisiert, ohne weiße Handschuhe, blaß wie immer. Die Zelle hat die Form eines hohen Sarges, das Deckengewölbe ist gewaltig, verstaubt, das Fenster klein, vor dem Fenster Apfelsinen, Palmen, Zypressen; gegenüber dem Fenster mein Bett auf Gurten unter einem mauretanischen filigranartigen Rosasse. Neben dem Bett ein altes *nitouchable*, ein quadratisches Klappult, das mir kaum zum Schreiben dient, darauf ein bleierner Leuchter (hier ein großer Luxus) mit einer Kerze, Bach, meine Kritzeleien und auch anderer Notenkram … still … man könnte schreien … und noch still. Mit einem Wort, ich schreibe Dir von einem seltsamen Ort« *(Briefe)*.

Die Klostergemeinschaft war zwei Jahre zuvor auf Regierungsbeschluß aufgelöst und der Besitz, wie überall in Spanien, säkularisiert worden. Seitdem werden die Zellen vom Staat zur Vermietung an Durchreisende angeboten. Mit wenig Erfolg: Die einen schreckt der mangelnde Komfort ab, die andern weigern sich aus abergläubischer Furcht, das Kloster überhaupt zu betreten. Die einzigen ständigen Bewohner sind der Apotheker, der Küster und Maria-Antonia, die den Neuankömmlingen ihre Dienste als Haushälterin anbietet. »Mit tiefgekränkter Miene und vor Entsetzen das Gesicht verbergend lehnte sie jede Art von Entlohnung für ihre Mühe ab. (…) Sobald sie aber die Regentschaft eines Haushalts angetreten hatte, rahmte sie für sich das Beste von Putzkram und Eßbarem ab.« Der Küster, der jetzt »die Klosterschlüssel verwaltete«, gibt sich als Dandy und begnügt sich damit, täglich seine Runde zu machen. Und der Apotheker, ein ehemaliger Kartäuser, legt heimlich »seine einst weiße Kutte« an; die einzigen Heilmittel, die er besitzt, Eibischsirup und Kreuzwurz, verkauft er »für ihr Gewicht in Gold«, um sich darüber hinwegzutrösten, »daß er von seinem Armutsgelübde entbunden worden war«. Maria-Antonia geht Amélie, Sands Dienstmädchen, zur Hand; ergänzt wird das Personal von Catalina, dem Stubenmädchen, einer »großen valldemosaner Hexe«, und der *niña*, einem »kleinen struppigen Scheusal«, das »Hilfsdienste leistete« *(Ein Winter auf Mallorca)*.

*»Wir sind in Mallorca wie Parias behandelt worden, wegen Chopins Husten und auch, weil wir nicht in die Messe gingen. Meine Kinder sind auf den Spaziergängen mit Steinwürfen verfolgt worden. Man sagte, wir seien Heiden und was weiß ich ...«*

(George Sand an Gräfin Marliani, 15. Februar 1839)

In *Ein Winter auf Mallorca* erzählt George Sand: »Sonntags rief uns in der Kartause das Posthorn vergebens, das durch Dorf und Fluren erklang, um die Säumigen an die Messe zu

gemahnen. Zuerst waren wir taub, weil wir den Sinn des Signals nicht kannten. Als wir ihn begriffen hatten, waren wir es noch mehr.« Nicht nur Chopins Husten ist den Insulanern ein Dorn im Auge, diese ganze sonderbare »Familie« ist ihnen verdächtig. Sand und Chopin leben unverheiratet zusammen, und zur Kirche gehen sie auch nicht. Statt dessen verbringt Chopin die Zeit mit Klavierspielen, Maurice mit Zeichnen, Sand mit dem Schreiben irgendwelcher obskurer Romane, die sie vorzugsweise nachts verfaßt. Außerdem raucht sie Zigarren und »dreht Zigaretten so geschickt wie niemand sonst« (B. Ferra, *Chopin et George Sand à Majorque*). Der Gipfel aber ist, daß Solange sich wie ein Junge kleidet, auf den Klostermauern herumklettert und durch die Berge streift. Die einen halten die Fremden für eine Apothekersfamilie, die andern schlichtweg für Idioten!

Der Bürgermeister, der Pfarrer und die Dörfler argwöhnen, sie könnten Heiden, Moslems oder Juden sein. »Um

Rechts:
*Brief von Frédéric Chopin und George Sand an Wojciech Grzymała*. Sammlung Celda Chopin-Sand, Kloster Valldemosa.

Gottes Herrlichkeit zu rächen, fanden die Dörfler ein Mittel, das gar nicht christlich war. Sie verschworen sich, uns Fisch, Eier und Gemüse nur zu Wucherpreisen zu verkaufen.« Und von den Dienstboten werden sie bestohlen: »Ich habe nie einen frommen Mund gesehen, der genäschiger war, oder flinkere Finger, um, ohne sich zu verbrennen, aus kochenden Töpfen zu fischen, oder einen dehnbareren Schlund, um heimlich den Zucker und den Kaffee der geliebten Herrschaft zu verschlucken und dabei ein Kirchenlied zu summen oder einen *bolero* zu trällern.« Da Chopin unter anderem eine Milchkur gegen die Schwindsucht verordnet wurde, scheut George Sand keine Mühen, welche zu beschaffen. Doch der Krug Ziegenmilch, den ein Bauernjunge

morgens bringt, ist seltsamerweise immer voller, als er ursprünglich war: Der Junge ersetzt die unterwegs ausgetrunkene Menge durch Wasser aus dem Brunnen. Schließlich ist Sand es leid. Sie schafft sich eine ungehörnte afrikanische Ziege mit gelbbräunlichem Fell und langen Hängeohren an. Das Tier ähnelt Chopin insofern, als es an Schwermut zu leiden scheint, was sich durch lautes Meckern bemerkbar macht. Also gesellt man ihm ein Schaf zu. »Durch diese nette Gefährtin wurde sie etwas ruhiger, und wir erhielten etwas mehr ziemlich fette Milch.« Versetzt mit Mandelmilch, ergibt sie ein nahrhaftes Getränk für die ganze Familie. Doch dann muß die Hausherrin feststellen, daß Maria-Antonia, Catalina und die *niña* die Tiere heimlich für ihren eigenen Bedarf melken. Kurzerhand sperrt sie die Tiere in einen Stall und übernimmt das Melken selbst. »(...) ich machte mir zum ersten Mal große Sorgen wegen kleiner Widrigkeiten: Wut wegen einer zu stark gepfefferten oder von den Mädchen verwässerten Bouillon, Unruhe wegen frischen Brots, das nicht kam oder sich auf dem Maultierrücken beim Überqueren des Wildbachs in einen Schwamm verwandelt hatte. (...) ich werde nie die Ankunft des Korbes mit Lebensmitteln in der Kartause vergessen, und wenn ich hundert Jahre alt werde.« *(Ein Winter auf Mallorca)*

»Ich träume von Musik, aber ich mache keine – weil es hier keine Pianos gibt ... in der Beziehung ist es ein unzivilisiertes Land«

Das Klavier, das Pleyel zu schicken versprochen hatte, ist noch immer nicht da, und George Sand ist untröstlich: »Mir tut es so schrecklich leid für den Kleinen. Er hat sich ein Instrument von hier gemietet, das ihm aber mehr Verdruß als Erleichterung verschafft. Trotzdem arbeitet er«, schreibt sie am 3. Dezember 1838 an Wojciech Grzymała. Das am 1. Dezember in Marseille verschiffte Piano wird in Palma von einem übereifrigen, vielleicht auch allzu geldgierigen Zöllner zurückgehalten. »Der Flügel wartet seit acht Tagen im Hafen darauf, was die *Duana* sagen wird, die ja goldene

Berge für diese Schweinerei verlangen wird«, beklagt sich Chopin in einem Brief an Julian Fontana vom 28. Dezember 1838 *(Briefe)*. Völlig außer sich fährt George Sand mit ihrem Sohn nach Palma, um das Instrument »auszulösen«. Der noch nicht völlig genesene Chopin bleibt allein in der Kartause. Auf dem Rückweg von Palma geraten Mutter und Sohn in ein heftiges Unwetter, das jeden Bach in einen reißenden Strom verwandelt. Die Kutsche bleibt stecken, Sand und Maurice müssen zu Fuß weiter. Sechs Stunden kämpfen sie sich durch den Morast. Als sie endlich spätnachts das Kloster erreichen, finden sie Chopin am Klavier vor. »Er war tatsächlich in großer Sorge, aber seine Unruhe war zu stiller Verzweiflung erstarrt, und schluchzend spielte er sein wundervolles Präludium. Als er uns in den Raum treten sah, fuhr er auf und stieß einen lauten Schrei aus. Mit irrem Blick und in seltsamem Tonfall sagte er: ›Ach! Ich wußte ja, daß ihr tot seid.‹ (...) Im Präludium, das er an jenem Abend komponierte, sind die Regentropfen zwar vorhanden, die auf das Dach der Kartause schlugen, aber sie hatten sich durch seinen tonschöpferischen Geist zu Tränen gewandelt, die vom Himmel auf sein Herz tropften« *(Ein Winter auf Mallorca)*.

Am 22. Januar 1839 kommt das von Camille Pleyel geschickte Pianino endlich an. Chopin stürzt sich sofort in die Arbeit, und »das Gewölbe der Kartause vernimmt es mit Freude«, wie George Sand es in einem Brief an Gräfin Marliani formuliert. Mehr als alles andere liebt die Schriftstellerin die Abgeschiedenheit, die Unzugänglichkeit der Kartause, die sie vor ungebetenen Gästen und neugierigen Besuchern schützt. Unterbrochen wird die tiefe Stille nur vom Geschrei der Kinder oder vom Klavierspiel Chopins. »Und die Bewunderung der Dummen entweiht das alles nicht«, heißt es weiter im oben erwähnten Brief. »Keine Menschenseele weit und breit. Unsere drei Meilen von der Stadt entfernte Zuflucht in den Bergen entbindet uns von den Höflichkeiten der Müßiggänger.«

In der Tat: die mallorquinische Gesellschaft schneidet die beiden. Zu den wenigen, die noch Umgang mit ihnen pflegen, gehören Monsieur Fleury, der französische Konsul, die Fronteras sowie die Ehefrau des Bankiers Canut, die George

UNTEN:
*Zeichnung von Maurice Sand. Der Weg zum Eingang des Klosters führte durch den ehemaligen Friedhof. Der verlassene Ort war dazu angetan, George Sands romantische Phantasie zu beflügeln.* Sammlung Celda Chopin-Sand, Kloster Valldemosa.

SEITE 109:
*Chopin hielt nichts von spanischen oder mallorquinischen Pianos – es sind eben keine Flügel von Pleyel! Dennoch hatten die spanischen Klavierbauer, die im 19. Jahrhundert fast ausschließlich in Barcelona angesiedelt waren – unter ihnen Namen wie Pindo de Pedro oder Hermanos Garra – einen guten Ruf. Den mallorquinischen Pianos von Olyver Suau Hermanos kam allerdings nur eine geringere Bedeutung zu.* Sammlung Celda Chopin-Sand, Kloster Valldemosa.

Sand eines Abends in ihre Loge im Theater von Palma einlädt. Während der Saal normalerweise von Kerzen und Öllampen nur dürftig erhellt wird, ist er an Galaabenden festlich erleuchtet. Man kommt, um zu sehen und gesehen zu werden. Die Mallorquinerinnen, eine schöner als die andere, haben sich herausgeputzt und mustern sich mit abschätzenden Blicken. George Sand erscheint im dunklen Abendkleid; die wunderschönen großen schwarzen Augen, »Augen einer Indianerin«, nannte Alfred de Musset sie einmal, blicken ausdruckslos; das braune, zu dicken Zöpfen geflochtene Haar schmückt eine schlichte Silberspange. Als einzigen Schmuck trägt sie an einem samtenen Halsband ein straßbesetztes Kreuz sowie ein Armband mit wertlosen kleinen Anhängern, Souvenirs und anderen Dingen. Trotz ihrer anspruchslosen Garderobe erregt sie die Neugier der anderen Frauen. Ihre ungewöhnliche Schönheit hat etwas ebenso Beunruhigen-

des wie ihre Selbstsicherheit, und so steht sie den ganzen Abend im Mittelpunkt des Interesses und wird beäugt wie ein fremdartiges Insekt.

### »Es regnet! ... Es regnet jeden Tag!«

»Das Wetter ist schrecklich, eine wahre Sintflut! Die Luft zerfließt vor Feuchtigkeit, so daß wir alle wie zerschlagen sind; man wird ganz krank«, klagt George Sand in einem an Gräfin Marliani adressierten Brief vom 15. Januar 1839. Chopin

komponiert, sooft sein Gesundheitszustand es erlaubt. Im Geiste Bachs, dessen *Wohltemperiertes Klavier* er immer bei sich trägt, hat er einen Zyklus von Präludien geschaffen – *24 Préludes* (op. 28) –, den er auf Mallorca vollendet. Den letzten Schliff erhalten außerdem zwei Polonaisen (op. 40) und vier Mazurken (op. 41). In seinen leichten, von jeder Gefühlsschwere gelösten Präludien mit ihrer lebhaften Ornamentik und ihrer verhaltenen Zartheit entfaltet er eine

reichhaltige Skala von Emotionen und Stimmungen. Bemerkenswert ist die Kühnheit der Sätze und Harmonien; die Rhythmen brechen auf, die Melodie sucht das Geheimnis der Seele zu ergründen, ihre grenzenlose Traurigkeit, ihre Qual und ihren Trost. Dann der Übergang vom Ernsten zum Duftigen, Schillernden, Schwebenden, und es entsteht der Eindruck von Heiterkeit, Gelassenheit, Verträumtheit.

Während Chopin arbeitet, unterrichtet George Sand die Kinder. »Die Nacht vergeht wie gewohnt mit Kritzeln«, schreibt sie Gräfin Marliani. Kein Gedanke mehr an Spaziergänge im ausgetrockneten Bett der Riéra, an Ausflüge in die Umgebung der Kartause, in die Olivenhaine, wo Heidekraut und Junkerlilien wachsen. Chopin hat keine Kraft mehr, er begnügt sich von nun an damit, im Klostergarten zu flanieren. Ausgezehrt und zermürbt von der Krankheit, versinkt er allmählich in eine Lethargie, aus der einzig seine Musik ihn noch zu reißen vermag. »Er verzehrte sich vor Ungeduld nach der Abreise mehr noch als an den Unzuträglichkeiten des Aufenthalts.« (George Sand, *Geschichte meines Lebens*, zitiert nach André Maurois, *Das Leben der George Sand*)

Im Februar bessert sich das Wetter endlich so weit, daß das Dampfschiff zwischen Palma und Barcelona seine Fahrten wieder aufnehmen kann. Chopin und Sand entschließen sich zur Abreise. Sie mieten einen *birlocho*, einen kleinen Karren, für den geschwächten Chopin, aber das unbequeme

SEITE 110:
*Die Oper in Palma de Mallorca.*

LINKS:
*Dieses mit Straßsteinen besetzte Kreuz an einem schlichten Samtband trug George Sand auf Mallorca am liebsten. Zum Andenken an den Aufenthalt in Valldemosa schenkte Sands Enkelin Aurore Sand das Schmuckstück Madame Boutroux de Ferrà, wohl weil sie der Meinung war, daß es in der Kartause besser aufgehoben sei als irgendwo sonst.* Sammlung Celda Chopin-Sand, Kloster Valldemosa.

RECHTS:
*Wenn George Sand die Oper besucht, sind alle Operngläser auf sie gerichtet.*

UNTEN:
Mazurka in der Oper *(Ausschnitt).* Bibliothèque nationale, Paris.

Gefährt und der holprige Weg sind eine solche Tortur, daß er erneut Blut spuckt.

Die Überfahrt wird zur Qual. Der Frachter hat nämlich Schweine geladen (der Schweineexport ist die Haupteinnahmequelle der Insel), und »die Passagiere kommen erst an zweiter Stelle«, klärt George Sand Gräfin Marliani in einem Brief vom 14. Dezember 1838 auf. »Was kümmert die Mallorquiner Politik oder Kunst? Ihr Leben dreht sich einzig und allein um das Schwein.« Der Kapitän, »ein reizender Mensch, der durch das Zusammenleben mit diesen edlen Tieren ganz ihr Grunzen und Quieken und sogar etwas von ihrer Ungezwungenheit angenommen hat« *(Ein Winter auf Mallorca),* verbannt Chopin aus Furcht vor der Ansteckungsgefahr in die schäbigste Kabine und verbietet ihm, sie zu verlassen, bevor sie den Hafen erreicht hätten. Unterwegs veranstalten die Schweine einen höllischen Lärm. Da sie einen empfindlichen Magen haben und deshalb nicht seekrank werden sollten, wie George Sand in oben erwähntem Brief bemerkt, werden sie von den Seeleuten regelmäßig mit Peitschenhieben traktiert, damit sie sich nicht hinlegen, sondern in Bewegung bleiben. Endlich legt das Schiff im Hafen von Barcelona an. Chopins Leidensweg ist damit aber noch nicht zu Ende.

Der Kapitän, der sich mehr um das Wohl der Schweine als um das des Komponisten sorgt, besteht darauf, zuerst die Tiere auszuladen, dann die Passagiere. In ihrer Sorge um den geschwächten Gefährten schickt George Sand dem Hafenkommandanten eine Nachricht mit der Bitte, sie abzuholen. Wenig später legt eine Barkasse an und bringt die kleine Reisegesellschaft an Bord des französischen Schiffs *Le Méléagre*, wo der Schiffsarzt den Kranken sogleich untersucht. Er kann George Sand beruhigen: Chopin habe zwar äußerst empfindliche Lungen, aber nichts, was zur Verzweiflung Anlaß gebe, er bräuchte lediglich Ruhe und gute Pflege, dann sei er bald wiederhergestellt. George Sand, der es so vorkommt, als wären sie »nach dem Besuch der Wilden in Polynesien endlich wieder in der Zivilisation angelangt«, schmettert daraufhin ein freudiges »*Vive la France!*« *(Ein Winter auf Mallorca).*

# IN NOHANT »STEIGST DU VOR DEM GARTEN AUS ...«

(Chopin an Wojciech Grzymała, 8. Juli 1839)

*»Meinen Kindern geht es gut. Solange nimmt Reitunterricht und reitet bereits wie ein Dragoner. Sie macht übrigens in allem Fortschritte. Maurice müßte mehr arbeiten, er ist träge. Chopin umarmt Dich. Er ist wirklich ein Engel.«*

(George Sand an Hippolyte Chatiron, 1. Juli 1840)

Das Dorf ist schön; Nachtigallen, Lerchen, nur Du, Vogel, fehlst uns« *(Briefe)*. Mit diesen Worten beginnt Chopin einen Brief, den er am 2. Juni 1839 von Nohant an Wojciech Grzymała schreibt. Vier Wochen später erläutert er ihm, wie der Landsitz zu finden ist: »Nimm die Malle-poste (Postkutsche) bis nach Châteauroux: dort kommst Du am nächsten Tag mittags an; von dort zweieinhalb Stunden Fahrt mit der Diligence, die nach La Châtre fährt. Du steigst vor dem Garten aus, an dem die Straße vorbeiführt.« (8. Juli 1839. *Briefe*) Bei jeder sich nähernden Kutsche lauschen die Bewohner von Nohant, ob sie anhält und den ungeduldig erwarteten Freund bringt. Die Hofeinfahrt zum Grundstück liegt gegenüber der Kirche, einem bescheidenen romanischen Bau. Zu beiden Seiten des breiten Gittertors sind die Wirtschaftsgebäude angeordnet: links die Remise, rechts die Stallungen. Das Wohnhaus ist groß, die Zimmer sind geräumig und sonnendurchflutet. Von der Eingangshalle, von wo eine elegante Treppe in den ersten Stock hinaufführt, gelangt man ins Speisezimmer, das durch eine Tür mit dem Wohnzimmer verbunden ist; eine

Links:
*Das Teufelsmoor.*

Oben:
*Franz-Xaver Winterhalter,*
Frédéric Chopin, *1847.*
Bibliothèque nationale, Paris.

Vorhergehende Doppelseite:
*Das Vallée Noire.*

Rechts:
*Pauline Viardot (am Klavier) und Chopin. Karikatur von Maurice Sand, Nohant, Juni 1844. Pauline Viardot liebte es, ein Prélude oder eine Nocturne zu singen, wobei sie die vibrierende Modulation der Melodie hervorragend nachzuahmen verstand.*

zweite Tür öffnet sich zum Garten hinter dem Haus. Ein paar Stufen führen hinunter. In der Verlängerung des kleinen Wasserbeckens hat George Sand zwei Zedern gepflanzt, eine, als Maurice geboren wurde, eine, als Solange auf die Welt kam. Die Schlafzimmer im ersten Stock liegen alle zum Park hin. Außer im Jahre 1840 verbringt Chopin hier sieben Jahre lang, von 1839 bis 1846, die Sommerzeit. Er läßt sich gefangennehmen vom Zauber des Landsitzes, den er mit seiner Musik erfüllt. Gedämpft klingt das Lärmen der Kinder, das Lachen der Freunde herauf, Geräusche, die ihm die Einsamkeit erträglicher machen. Die Ruhe, der Frieden, die heitere Natur wirken besänftigend und halten seine Ängste in Schach. Paris ist weit weg. Endlich kann er sich ganz dem Komponieren widmen.

Im Sommer ist das Haus voller Gäste. Wojciech Grzymała, der Freund und Vertraute, kommt zu Besuch, der Schauspieler Bocage (eigentlich Pierre François Touzé), Eugène Delacroix, der mit seiner Katze Cupidon anreist und für den eigens ein Atelier eingerichtet wird, der Maler Eugène Lambert, ein Freund von Maurice, der ursprünglich für einen Monat kommen will – und zehn Jahre bleibt! Gräfin Marie de Rozières ist ebenfalls häufiger Gast in Nohant. Sie sitzt gern zum Träumen unter der großen Linde und unternimmt mit Chopin lange Waldspaziergänge, auf denen sie sich über Musik unterhalten und Erinnerungen an Polen austauschen. Die mit George Sand befreundete Sängerin Pauline Viardot, mit der Chopin zuweilen musiziert, hält sich regelmäßig auf dem Landgut auf; George Sand wird ihr Kind und seine Amme eine Zeitlang bei sich aufnehmen.

Rechts:
*Luigi Calamatta,* Maurice Sand im Jahr 1837. Musée de la Vie romantique, Paris.

Ganz rechts:
*Mercier,* Solange Sand. Musée de la Vie romantique, Paris.

Nohant sei ein überaus angenehmer Ort, und die Gastgeber zeigten sich von ihrer liebenswürdigsten Seite, bemerkt Delacroix einmal in einem Brief an Jean-Baptiste Pierret vom Sommer 1842. »Wenn wir nicht zusammen speisen, Billard spielen oder spazierengehen, lesen wir auf unseren Zimmern oder faulenzen auf dem Kanapee. Manchmal dringt durch das offene Fenster zum Garten Musik von Chopin, der seinerseits arbeitet, in Schwaden herauf. Das alles vermischt sich mit dem Gesang der Nachtigallen und dem Duft der Rosen« (zitiert nach Ernst Burger, *Frédéric Chopin*). George Sand ist ihm dabei behilflich, riesige Blumensträuße zusammenzustellen, die er anschließend malt, während sie ihm seine Strickmütze ausbessert. Honoré de Balzac wird ebenfalls erwartet, besonders ungeduldig von der Hausherrin, die es kaum erwarten kann, ihre endlosen »Schwätzchen« über die Rolle der Frau fortzusetzen. »Während dieser drei oder vier Plaudereien geriet ich in Harnisch und spürte intensiver als seit langer Zeit, daß ich lebte«, sagte Balzac einmal. Aber er wird nicht kommen. Die »Löwin vom Berry«, wie er sie einmal nannte, ist enttäuscht, Delacroix hingegen eher erleichtert: »Er ist ein Schwätzer, der die zwanglose Eintracht, in der ich mich hier voller Freude wiege, nur zerstört«, heißt es in dem oben erwähnten Brief an Pierret.

Hippolyte Chatiron, George Sands Halbbruder (er entstammt einer außerehelichen Beziehung), wohnt in unmittelbarer Nachbarschaft, auf Schloß Montgivray. Er ist bekannt für seine lautstarken Auftritte – und für seine ordinären Reden, wie Marie de Rozières in einem Brief schreibt: »Was für ein Exemplar eines berrichonner Krautjunkers! Außerdem ist er fast immer betrunken. Angeblich soll es hier von solchen Leuten gewimmelt haben, bevor Chopin die Herrschaft übernahm.« Im Lauf der Zeit wird »Onkel Polite« jedoch ruhiger und vernünftiger, seine Manieren bessern sich nach und nach, und er erscheint »im schwarzen Anzug mit Hut und schwarzen Handschuhen«, wenngleich »die Weste ein bißchen zu kurz, der Bauch ein bißchen zu rund, der Teint ein bißchen zu kupfern« ist, wie sich Chopin in einem Brief an Marie de Rozières vom Herbst 1845 ausdrückte.

George Sand und Chopin unternehmen gemeinsam mit den Kindern, den Freunden und dem Hund »Fadet facteur« zahlreiche Ausflüge in die Umgebung von Nohant. Sie lassen

sich zum Picknick irgendwo am Fluß oder im Schatten eines Baumes nieder, kühlen den Wein und den Champagner im Wasser, stärken sich mit all den mitgebrachten Köstlichkeiten, erwärmen den Kaffee über einem kleinen Feuer. Zuweilen sind sie mehrere Tage unterwegs. Bis ins Creusetal führen die

*Eine gedeckte Tafel unter den beiden Zedern, die George Sand anläßlich der Geburt ihrer beiden Kinder gepflanzt hat.*

Exkursionen, und da es dort kein Gasthaus gibt, schlafen sie auf Stroh. Damit Chopin sich nicht überanstrengt, hat George Sand eine Eselin namens Margot als Reittier gekauft. Chopin reitet voraus, die andern folgen zu Fuß. »Die Eselin ist ein braves Ding«, schreibt George Sand Anfang Oktober 1843 an Gräfin Marliani. Sie folge ihr auf Schritt und Tritt, »um die Nase in meine Tasche stecken zu können, weil sie die Brotkrusten darin riecht«. Manchmal kommt es unterwegs zu unvorhergesehenen Begegnungen. »Vorgestern sind wir von einem Eselhengst verfolgt worden, der es auf Margots Tugend abgesehen hatte. Sie hat sich mit gewaltigen Tritten zur Wehr gesetzt, wie eine richtige Lucretia. Chopin schrie und lachte, und ich vertrieb den Sextius mit meinem Schirm.«

Nachts, wenn alle schlafen und es still geworden ist im Haus, setzt sich George Sand an ihren Schreibtisch. Sie arbeitet bis Tagesanbruch, dann geht sie zu Bett. Familie und Freunde sind ganz leise, um sie nicht zu wecken. Zuweilen bleibt sie bis zum Abendessen in ihrem Zimmer und will nicht gestört werden. Chopin spielt dann ganz für sie allein eine *Aufforderung zum Walzer*, wie sie es nennt.

Dieses »Klosterleben«, das Delacroix so gut gefällt, ist auch für Chopin wie geschaffen. Er erholt sich, sammelt neue Kräfte. »Ich arbeite ein wenig. Ich streiche viel. Ich huste sattsam«, schreibt er am 9. Oktober 1845 an Auguste Franchomme. Gustave Papet, der Arzt, der im Schloß im nahen Ort Ars wohnt, kommt regelmäßig nach Nohant, um Chopin zu untersuchen. Er horcht ihn ab, tastet ihn ab und beruhigt die Hausherrin: Seine Lungen seien völlig in Ordnung. George Sand ängstigt sich dennoch, wie sie Gräfin Marliani in einem Brief vom 24. August 1839 anvertraut: »Chopin geht es unverändert, mal mehr, mal weniger gut, nicht eigentlich schlecht, nicht eigentlich gut. Mir scheint, das arme Kind leidet an anhaltender Kraftlosigkeit, was seine Moral glücklicherweise nicht im mindesten beeinträchtigt. Er ist fröhlich, wenn er ein bißchen Energie in sich verspürt, und wenn er melancholisch ist, stürzt er sich auf sein Klavier und komponiert wunderschöne Stücke.«

Als »Mutter« und erfahrene »Erzieherin« unterrichtet George Sand ihre Kinder auch weiterhin. Solange sei zwar ein kluges Mädchen geworden, schreibt sie Marie de Rozières im Juni 1841, beklage sich aber über die viele Arbeit; dabei sei sie viel zu faul, als daß sie imstande sei, sich zu überarbeiten. Chopin erteilt ihr Klavierunterricht. Wie viele junge Mädchen auf der Suche nach einer eigenen Identität »zieht sie sich an und wieder aus, steigt aufs Pferd und wieder herunter. Sie steht auf und legt sich schlafen, sie kratzt sich, sie gähnt, sie schlägt ein Buch auf und klappt es wieder zu, sie streicht sich die Haare glatt, sie schimpft Maurice einen Dummkopf – mit einem Wort, sie ist sehr beschäftigt mit allen möglichen wichtigen Dingen, die sie daran hindern, vor dem Dessert herunterzukommen«. Dieses Bild von Solange entwirft Chopin in einem Brief vom Herbst 1845 an Marie de Rozières. Maurice, seit 1840 ein Schüler von Delacroix, widmet sich der Malerei und schreibt Bühnenstücke, in denen er die Gäste des Hauses aufs Korn nimmt. Seine Mutter hält ihn für willenlos und träge. Und Chopin beschreibt seinen Tagesablauf in oben erwähntem Brief wie folgt: »Er schmiert herum, foppt andere Leute, schleckt sich den Schnurrbart, feixt, trödelt, zieht seine Reitstiefel an, verströmt Stallgeruch.« Marie d'Agoult, die ihre Freundin immer wieder mit spitzer Feder zur Zielscheibe ihrer Bosheiten macht, beweist mit ihrem Urteil über Maurice und Solange Scharfsichtigkeit und Menschenkenntnis: »Maurice und seine Schwester scheinen mir eine lebende Antithese zu bilden. Er wird ein Mann des gesunden Menschenverstands, der Ordnung, der bequemen Tugenden sein. Er wird die unauffälligen Freuden und das Leben des Grundbesitzers schätzen, sofern eine noch durchbre-

OBEN:
*Auguste Charpentier,* George Sand mit ihren Freunden. *Fächer, 1838.* Von links: *Luigi Calamatta, Maurice Sand, Charles Didier, Emmanuel Arago, Wojciech Grzymała, Bocage, Franz Liszt, Eugène Delacroix, Frédéric Chopin, George Sand, Félicien Mallefille, Enrico, Michel de Bourges, Solange Sand, de Bonnechose, Auguste Charpentier.* Musée de la Vie romantique, Paris.

LINKS:
*George Sand macht gern Konfitüre, die sie dann verschenkt. So nimmt jeder Gast eine süße Erinnerung an Nohant mit nach Hause.*

chende Begabung ihn nicht auf eine künstlerische Laufbahn wirft.« Solanges Bestimmung liege »im absolut Guten oder im absolut Schlechten«, ihr Leben werde eine endlose Kette von Kämpfen und Auseinandersetzungen sein, sie werde sich nicht den Konventionen beugen und: »Ihren Fehlern wird etwas Vornehmes anhaften, ihren Tugenden etwas Erhabenes.«

UNTEN:
*George Sand stellt prächtige, duftende Blumensträuße zusammen, die Delacroix als Quelle der Inspiration dienen.*

### »Seit Ihrer Abreise dreht sich unser Leben nur noch um Sie«

Der Sommer 1844 wird überschattet von Chopins Trauer um den Vater, der Anfang Mai im Alter von 73 Jahren in Warschau verstarb, ohne Frankreich noch einmal wiedergesehen zu haben. Es war ein sanfter, schmerzloser Tod. Er habe überhaupt nicht gelitten, er habe einfach keine Kraft mehr gehabt, teilt Antoni Barciński seinem Schwager Chopin mit. Ganz ruhig sei er gewesen, ja sogar heiter. Chopin ist untröstlich, weil er nicht beim Vater hatte sein können. Ludwika Jędrzejewicz, die geliebte Schwester, ahnt, wie schlimm es um ihn steht, und beschließt, mit ihrem Mann nach Frankreich zu reisen. Chopin nimmt die beiden in Paris in Empfang, zeigt ihnen die Stadt, macht sie mit seinen Freunden bekannt und fährt dann mit ihnen nach Nohant zurück, wo sie bis Ende August bleiben. Für einige wenige Wochen wird aus Frédéric wieder Fryderyk oder Fryc. In Gesellschaft von Ludwika und Józef Kalasanty lebt er so sehr auf, daß er seine Erschöpfung, seine körperlichen Leiden darüber vergißt. Morgens sucht er sie in ihrem Zimmer auf und nimmt gemeinsam mit ihnen das Frühstück ein; während er noch seine Schokolade trinkt, bestickt Ludwika ein Paar Pantoffeln, und Józef Kalasanty zeichnet. Sie gehen zusammen spazieren, sie tanzen im Hof mit den Dorfbewohnern, sie lauschen entzückt Pauline Viardot, die Lieder von Händel, Mozart, Scarlatti oder Gluck vorträgt. Und sie tauschen Geschenke aus: Józef Kalasanty überreicht Maurice einen Apparat für die Herstellung von Zigarren, Ludwika schenkt Frédéric eine Repetieruhr, und George Sand wird Ludwika bald ein Päckchen »zum Andenken an einige der schönsten Wochen unseres Lebens« schicken: das Manuskript ihres Romans *La Mare au diable (Das Teufelsmoor).*

RECHTS:
*Eugène Delacroix*, Selbstbildnis, *1838*. Musée du Louvre, Paris. *»Ich führe endlose Gespräche mit Chopin, den ich sehr gern habe und der ein ungewöhnlich feiner Mann ist. Er ist der echteste Künstler, dem ich in meinem Leben begegnet bin. Er gehört zu den ganz wenigen, die Bewunderung und Achtung verdient haben. (...) Und zwischendurch ein bißchen Malen, und schon ist der Tag ausgefüllt« (22. Juni 1842).*

Einige Tage verbringen Ludwika und Józef Kalasanty Jędrzejewicz noch in Paris, dann, Anfang September, reisen sie nach Warschau zurück. Chopin ist völlig verzweifelt. »Seit Ihrer Abreise dreht sich unser Leben nur noch um Sie«, schreibt Sand am 18. September 1844 an Ludwika Jędrzejewicz. Chopin zerfleischt sich in Selbstvorwürfen, weil er glaubt, die gemeinsam verbrachte Zeit nicht zur Genüge ausgekostet zu haben. Auf der anderen Seite quält ihn eine unstillbare Sehnsucht nach der Zuneigung, die er erfahren durfte. »Einen Monat lang durften wir so viel Glück genießen, daß etwas davon zurückblieb; viele Wunden haben sich geschlossen, und wir konnten unseren Vorrat an Hoffnung und Gottvertrauen ergänzen«, heißt es weiter im oben erwähnten Brief Sands. Chopin kehrt viele Male in das Zimmer zurück, in dem Schwester und Schwager wohnten, aber die Leere schmerzt. »Mir ist hier dieses Jahr sonderbar zu-

*Ölfarben und Pastellstifte, um die Blumensträuße in Nohant auf die Leinwand zu bannen.*

mute; oft schaue ich frühmorgens ins Zimmer nebenan, aber es ist niemand darin. (…) Deshalb trinke ich am Morgen auch keine Schokolade – und das Klavier habe ich anders gestellt – an die Wand, dort wo das kleine Sofa mit dem Tischchen gestanden hatte (…)«, schreibt er im Juli 1845 an die Familie *(Briefe)*. Auf seinem Schreibtisch liegt, neben Notenblättern und einem Strauß Rosen und Nelken, auch die Repetieruhr in einem Etui; daneben, noch vom Schwager, Schreibfedern und ein Stück Siegellack. Die Pantoffeln, an denen die Schwester stickte, während George Sand mit ihrer Arbeit beschäftigt war, sind sorgsam in Seidenpapier gewickelt, und auf dem Piano liegt noch ein Stift von Ludwika. Sooft draußen eine Postkutsche vorbeifährt, lauscht Chopin unwillkürlich: »Vielleicht hält eine, und Ihr steigt heraus!« (Brief an die Familie Jędrzejewicz vom 1. August 1845. *Briefe*)

»Die Liebe ist nicht mehr da«

*»Die Liebe ist nicht mehr da, wenigstens nicht auf einer Seite (der von Sand), wohl aber Zärtlichkeit und Aufopferung, je nach den Tagen untermischt mit Klagen, Traurigkeit und Verdruß …«*

(André Maurois, Das Leben der George Sand)

Den Winter verbringen Chopin und George Sand wie üblich in Paris am Square d'Orléans. Doch die Harmonie der ersten Jahre will sich nicht mehr so recht einstellen: Neben allerlei kleineren und größeren Ärgernissen sind es vor allem Maurice und Solange, die durch ihr Verhalten für Spannungen sorgen. Dennoch verbringen sie den Sommer 1846 zusammen in Nohant. Es soll der letzte Aufenthalt unter gemeinsamem Dach sein.

Rechts:
*Der kleine Arbeitsplatz der Schriftstellerin. »Hab mich lieb, mein Engel, Du mein Glück, ich liebe Dich« (aus einem um Mitternacht verfaßten Brief George Sands an Chopin vom Sommer 1845.* Nimm Deinen Mut in beide Hände. Briefe). *Ihren Zeilen legte sie eine Haarsträhne bei.*

Seite 127:
*Die Fenster im ehemaligen Schlafzimmer von George Sand und Chopin.*

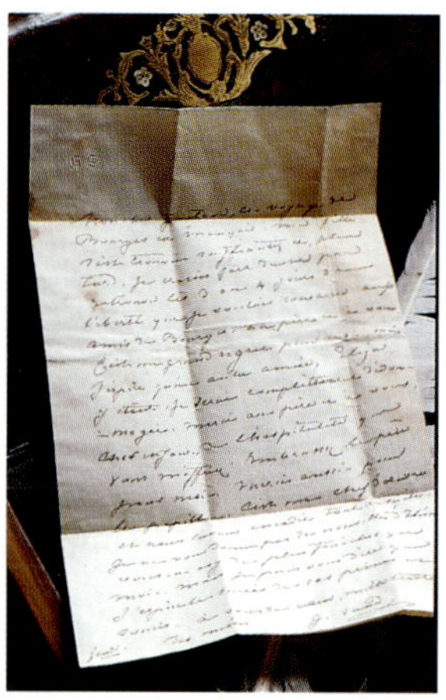

Rechts unten:
*Alcide-Joseph Lorentz:* »Wenn dies Bildnis von George Sand den Geist verwirrt, dann deshalb weil Genie abstrakt und obendrein ein Neutrum ist.« *Karikatur aus der satirischen Zeitschrift* Le Charivari *von 1842.* Maison de Balzac, Paris.

George Sand fährt mit den Kindern und Titine voraus. Titine, eine junge Verwandte Sands, heißt eigentlich Augustine Brault. Um sie ihren dürftigen familiären Verhältnissen zu entreißen, hat George Sand sie bei sich aufgenommen und ihren Kindern quasi als Kameradin zugesellt. Nicht ohne Hintergedanken, denn ihr mißfällt das Interesse ihres Sohnes für Pauline Viardot, und sie hofft, ihr junger Schützling werde Maurice ablenken. Titine wäre eine Schwiegertochter nach Wunsch. Doch ihre Hoffnung erfüllt sich nicht, im Gegenteil: Titines Gegenwart stiftet nur Unfrieden und ist der Auslöser für so manchen Streit. Der Mutter-Tochter-Konflikt zwischen George Sand und der rebellischen Solange wird durch die unbedachte Äußerung der Mutter, Titine sei »ihre wirkliche Tochter«, noch geschürt. Die verletzte Solange reagiert, indem sie »sehr hochnäsig mit ihr (gemeint ist Titine) tut« (André Maurois, *Das Leben der George Sand*). Chopin versucht sich aus allem herauszuhalten: Er schließt sich in seinem Zimmer ein und komponiert. Maurice schenkt Titine kaum Beachtung, sehr zum Leidwesen seiner Mutter.

Es ist ein warmer, herrlicher Sommer, die Ernte fällt gut aus, auch Trauben gibt es reichlich, und die Herrin von Nohant stellt Konfitüre aus Weintrauben her. Während die andern einen Ausflug ins Vallée Noire (so heißt ein Teil des Creusetals) machen, bleibt Chopin im Schloß zurück. »Oh, wie schnell die Zeit vergeht! Ich weiß nicht, wie es kommt, aber ich kann nichts Rechtes tun, und dennoch faulenze ich nicht (...)«, schreibt er an die Familie Jędrzejewicz (1. August 1845. *Briefe*) und fügt hinzu, daß er »ganze Tage und Abende in (seinem) Zimmer« am Klavier hockt. Solange leistet ihm zuweilen Gesellschaft in seiner selbstgewählten Isolation. Manchmal unterbricht sie ihn beim Briefeschreiben, »damit (er) mit ihr vierhändig« spielt (Brief an die Familie von Mitte Juli 1845. *Briefe*), oder sie unternehmen gemeinsam mit Sands Hunden Jacques und Coco eine Spazierfahrt im Kabriolett. Im Oktober teilt Chopin der Familie mit: »Ich spiele ein wenig – komponiere ein wenig. Mit meiner Sonate mit Violoncello bin ich einmal zufrieden, ein andermal nicht. Ich werfe sie in die Ecke, dann sammle ich sie wieder auf.« (Brief vom 11. Oktober 1846. *Briefe*) Neben der erwähnten *Sonate für Violoncello und Klavier g-Moll* (op. 65) komponiert er drei neue *Mazurken* (op. 63) und zwei *Nocturnes* (op. 62). Letztere, von polnischen Weisen inspiriert, stellen unter ihrer scheinbaren Schlichtheit eine Sublimierung der Melancholie dar. In jenem Jahr vollendet er auch seine *Barcarolle* (op. 60), die gleichsam eine musikalische, von südlichem Licht erfüllte Allegorie der mit George Sand geplanten Italienreise ist, die dann aber doch nicht zustande kommt, weil »die jungen Leute (Maurice und Solange) für den Landaufenthalt« sind, wie Chopin in oben genanntem Brief erklärt. Der Sommer ist rasch vergangen, die Rückkehr nach Paris steht bevor: »Bald muß ich wieder an die Mühle denken, das heißt an die Klavierstunden«, klagt er im selben Brief. George Sand und ihre Kinder werden den Winter über in Nohant bleiben. Veränderungen deuten sich an: Maurice ist 24, Solange 18 Jahre alt – von Hochzeit ist die Rede. Am 11. November fährt Chopin nach Paris zurück. Er soll Nohant nicht wiedersehen.

»Es war ein Augenblick des Liebeswahns, der nicht einmal einen Monat gedauert hat – es war nur niemand da, der kaltes Wasser draufgegossen hätte.«

»Clésinger (...). Merkt Euch den Namen des Bildhauers, denn ich werde Euch gewiß oft von ihm schreiben, da er

OBEN:
*Blick aus dem Fenster von Chopins Schlafzimmer.*

RECHTS:
*»Wenn man etwas schreibt, kommt es einem gut vor, sonst würde man überhaupt nicht schreiben. Erst später folgt die Überlegung – und man verwirft oder akzeptiert. Die Zeit ist die beste Zensur, und die Geduld der vortrefflichste Lehrmeister« (Chopin an die Familie, 11. Oktober 1846.* Briefe).

Fr. S. (George Sand) vorgestellt worden ist« *(Briefe)*. Chopins Zeilen an die Familie, datiert vom 19. April 1847, lassen einen bemerkenswerten Weitblick erkennen. Während ihres Parisaufenthalts im Februar haben George Sand und ihre Tochter dem Bildhauer Jean Baptiste Auguste Clésinger für eine Büste Modell gesessen. »Alle bewundern (die Werke) ungemein«, schreibt Chopin weiter. »Wahrscheinlich werden sie nächstes Jahr ausgestellt werden.« Was weder Chopin noch die Freunde des Paares wissen: George Sand hat Clésinger nach Nohant eingeladen.

Offensichtlich hofft sie, einen Keil zwischen ihre Tochter und Fernand de Préaulx zu treiben, den Solange ihr im Herbst 1846 als Verlobten präsentiert hat und den die Mutter in einem Brief schildert als »Landedelmann« und »Waldmensch«, der »von den Dingen der modernen Zivilisation keine Ahnung« habe (zitiert nach André Maurois, *Das Leben der George Sand*).

Clésinger scheint eher ein Schwiegersohn nach ihrem Geschmack zu sein. Als Solange in jenem Februar 1847 nach Paris kommt, »(bricht) in ihr Leben plötzlich ein ungestümer und schrankenloser Mensch ein, ein ehemaliger Kürassier, der Bildhauer geworden war und sich überall wie in einer Soldatenkneipe oder im Atelier (aufführt)«. Vergessen ist der Wildschweinjäger de Préaulx. »»Er ist allzusehr aus Gips««, erklärt Solange und entscheidet sich für den andern, den aus Marmor. Und obwohl George Sand nichts Gutes über ihn erfährt – er sei ein Irrer, brutal, dem Alkohol verfallen und hochverschuldet –, schlägt sie die wohlmeinenden Ratschläge und Warnungen von Freunden und Bekannten in den Wind und gibt ihre Zustimmung zur Heirat. »Clésinger wird seiner Frau und mir zum Ruhme gereichen; er wird seine Ehrentitel in Marmor und Bronze eingravieren«, schreibt sie an Prinzessin Galitzine. Die Hochzeit soll im Mai stattfinden. Und bis dahin: »Kein Wort von all dem an Chopin«, ermahnt Sand ihren Sohn, »das geht ihn nichts an, und wenn der Rubikon überschritten ist, sind die *Wenn* und die *Aber* nur von Übel.« (Zitiert nach André Maurois, *Das Leben der George Sand*.) Damit ist der Bruch mit Chopin vollzogen.

In einem Brief an ihren alten Freund Wojciech Grzymała erklärt George Sand: »Die Zufriedenheit über die Heirat mei-

Rechts oben:
*Chopin am Schreibtisch. Zeichnung von George Sand, um 1841.*

Rechts unten:
*Damit Chopin ungestört arbeiten kann, hat George Sand die Türen zu seinem Zimmer und zum Salon mit einer Polsterung verkleiden lassen.*

Seite 131:
*Chopin gilt als »Raffael des Klaviers«, eine Einschätzung, zu deren Verbreitung Delacroix mit seinem Vergleich von Chopins Musik mit der Technik des* sfumato *in der Malerei wesentlich beigetragen hat. So wie die Umrisse beim* sfumato *zwar eine größtmögliche Präzision aufweisen, aber dennoch verschwimmend gemalt sind, so daß sich die Formen dem Auge immer wieder entziehen, so gibt Chopin mit seiner Musik lediglich einen Rahmen vor, den mit Emotionen auszufüllen dem jeweiligen Hörer vorbehalten ist.*

ner Tochter könnte nicht größer sein, denn sie ist rein außer sich vor Liebe und Wonne, und Clésinger scheint ihre Zuneigung zu verdienen, sie leidenschaftlich zu lieben und ihr das Leben bieten zu können, das sie sich erhofft.« (Brief vom 12. Mai 1847. *Nimm Deinen Mut in beide Hände. Briefe*) Verschließt sie bewußt die Augen vor der Wirklichkeit? Sie weiß, daß Chopin nichts von Clésinger hält, daß er seine Darstellungen von Nackten als schamlos ansieht – »(er) wird Sols Popochen in weißen Marmor hauen«, prophezeit er seiner Familie in einem Brief vom 8. Juni 1847 *(Briefe)* –, und so findet die Hochzeit am 20. Mai in Nohant ohne ihn statt. Solange ist 18, Clésinger 33. Sein Vater, Bildhauer in Besançon, begnügt sich mit schriftlichen Glückwünschen, seine Mutter, die ihre Tage angeblich im Nachthemd verbringt, bleibt der Feier

ebenfalls fern. Und der jüngere Bruder, der als einziger aus der Familie gekommen ist, betrinkt sich und fängt Streit mit Maurice an. Eine schöne Hochzeitsfeier …

George Sand ist durchaus bewußt, daß Chopin darunter leidet, weder gefragt noch unterrichtet worden zu sein. »Aber die Ratschläge, die er für praktische Lebensfragen erteilt, kann man unmöglich in Erwägung ziehen«, begründet sie ihre Entscheidung, gibt allerdings auch offen zu, daß Chopins »Einflußnahme auf diese familiären Dinge für (sie) den Verlust jeglicher Würde bedeuten und (sie) um die Liebe (ihrer) Kinder bringen« würden. Die Frau, die der Historiker Édouard Ganche auf eine Stufe mit Molières *Tartuffe* stellte, fährt fort: »Seit sieben Jahren lebe ich wie eine Nonne mit ihm *und den anderen.* Ich bin vorzeitig gealtert (…) in dieser unglückseligen Freundschaft, die mich in jeder Hinsicht zu seinem Sklaven gemacht hat (…). Ich bin darüber zur Märtyrerin geworden (…); inmitten all meiner Anstrengungen und Opfer stirbt mir der Mensch, den ich selbstlos und mütterlich liebe, als Opfer der unsinnigen Zuneigung, die er mir entgegenbringt« (Brief an Wojciech Grzymała vom 12. Mai 1847. *Nimm Deinen Mut in beide Hände. Briefe*). Ob sich Grzymała an jenen andern leidenschaftlichen Brief erinnert, den Sand ihm acht Jahre zuvor schrieb, als sie zögerte, eine Beziehung mit Chopin einzugehen? Wie hat

Chopin es einmal ausgedrückt: »Manchmal nur spricht sie nicht die Wahrheit, aber das darf ein Romancier ja.« (Brief vom 8. Juni 1847 an die Familie. *Briefe*)

In Nohant währt der Frieden nicht lange. Geldgier und Eifersüchteleien sind der Auslöser für einen heftigen Streit zwischen Solange und Clésinger auf der einen Seite und dem Rest der Familie auf der andern. Clésinger geht mit einem Hammer auf Maurice los, George Sand wirft sich dazwischen und schlägt auf den Schwiegersohn ein, worauf dieser ihr einen Fausthieb gegen die Brust versetzt. Nach dieser Szene weist George Sand Tochter und Schwiegersohn die Tür. »Nie mehr will ich sie wiedersehen, nie mehr werden sie die Füße in mein Haus setzen. Das Maß ist voll«, schreibt sie im Juli 1847 an Marie de Rozières (zitiert nach André Maurois, *Das Leben der George Sand*). Sie fühlt sich verpflichtet, Chopin den Vorfall aus ihrer Sicht zu schildern. Zutiefst bestürzt eilt Chopin mit dem Brief in der Hand zu Eugène Delacroix, damit er ihn lese. Später vertraut der Maler seinem Tagebuch an: »Man muß zugeben, daß (der Brief) abscheulich ist. Die grausamen Leidenschaften, die lange unterdrückte Unge-

VORHERGEHENDE DOPPELSEITE:
*Der Park hinter dem Haus.*

RECHTS OBEN:
*Nach der Trennung von Chopin ließ George Sand eine Wand in seinem Zimmer ziehen. Der größere Teil des Raums diente weiterhin als Schlafzimmer, der kleinere als Arbeitszimmer.*

RECHTS UNTEN:
*Die Hausapotheke in Nohant. Sie enthielt Arzneien für Herz, Nerven und Lungen.* Sammlung Château de Nohant – Maison de George Sand.

UNTEN:
Mazurka als Gesellschaftstanz *(Ausschnitt)*. Bibliothèque nationale, Paris.

duld kommen an den Tag« (zitiert nach Ernst Burger, *Frédéric Chopin*). In jenem berühmt gewordenen Brief erklärt Sand, sie werde Chopins Rückkehr nach Nohant nur unter der Bedingung dulden, daß er in ihrer Gegenwart nie wieder Solanges Namen erwähne. Chopins Antwort lautet: »Die Zeit wird das ihre tun. Ich werde warten – immer der gleiche.« (Brief an George Sand vom 24. Juli 1847. *Briefe*)

Solange hält den Kontakt zu Chopin durch gelegentliche Briefe aufrecht. Zahlreiche ernsthafte Probleme belasten ihre Ehe. Clésinger ist ruiniert, und das junge Paar muß beim Vater des Bildhauers Zuflucht suchen. Dort erfährt Solange, daß die Herrin von Nohant »im Hochzeitszimmer der Tochter Komödien« spielt (Brief von Chopin an Ludwika Jędrzejewicz vom 10. Februar 1848. *Briefe*). George Sand hat nämlich mit Hilfe ihres Sohnes und dessen Freundes Eugène Lambert Schloß Nohant in ein Theater verwandelt. »Mein Zimmer ist vollständig ausgeräumt worden«, klagt eine verbitterte Solange dem Komponisten. »Vorhänge, Bett, alles hat man fortgeschafft und das Zimmer in zwei Hälften geteilt, die eine ist die Bühne, die andere der Zuschauerraum. Komödien führen sie darin auf. Der Wandschrank dient als Garderobe und das Boudoir als Foyer für die Schauspieler. Wer würde das für möglich halten? Eine Mutter, die im Hochzeitszimmer ihrer geliebten Tochter Theaterstücke aufführt!« Doch die »Truppe« löst sich bald schon auf. Die vier, die geblieben sind – George Sand, ihr neuer Gefährte Victor Borie, Maurice und Lambert –, vergnügen sich abends zuweilen mit einem Marionettenspiel, das sie mit selbstgemachten Puppen und vor dem Hintergrund eines mit Zeichenkarton oder einem Handtuch verkleideten Stuhls aufführen. Vielleicht denkt George Sand in jenen Momenten zurück an die Abende, als sich Chopin nach dem Essen ans Klavier setzte und improvisierte, während die Gäste zu seinen Melodien tanzten oder Theater spielten. Vielleicht denkt sie zurück an die hastig aus alten Vorhängen selbstgenähten Kostüme, an die Ballette und Scharaden im Garten, an die Nachmittage, an denen sie die Possen einstudierten, die sie am Abend aufführten. Chopin, damals der Herr der Mimen, »leitete sie ganz nach seinem Belieben und ließ sie, seiner Phantasie gemäß, vom Heiteren zum Ernsten übergehen, vom Burlesken zum Feierlichen, vom Anmutigen zum Leidenschaftlichen« (George Sand, *Impressions et Souvenirs*, zitiert nach Willi Reich, *Frédéric Chopin. Briefe und Dokumente*).

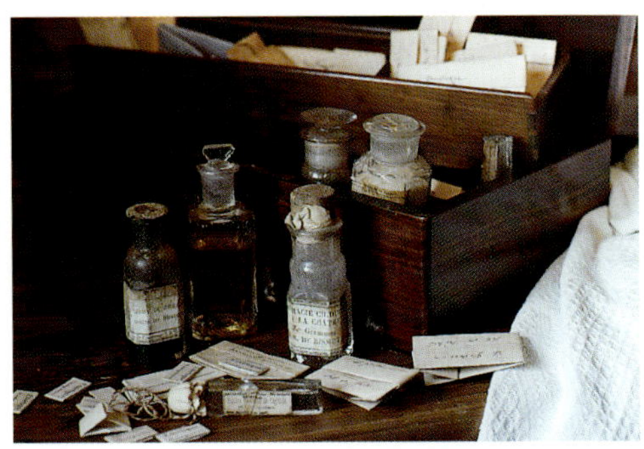

# »ABER WO IST MEINE KUNST? UND MEIN HERZ, WO HABE ICH ES VERGEUDET?«

*»Ich erinnere mich kaum noch, wie in der Heimat gesungen wird. Diese Welt vergeht irgendwie so schnell, ich vergesse mich, habe keine Kraft; wenn ich mich ein wenig aufrichte, dann falle ich um so tiefer.«*

(Chopin an Wojciech Grzymała, 30. Oktober 1848)

Für George Sand ist das Kapitel Chopin abgeschlossen. Sie will nichts mehr von ihm wissen, nicht einmal mehr, wie es ihm geht: »Der Rest interessiert mich nicht im geringsten, und es gibt keinen Grund, weshalb ich seiner Zuneigung nachtrauern sollte«, schreibt sie Mitte August 1847 an eine Freundin. Chopin hingegen wird durch die Trennung völlig aus der Bahn geworfen. Seit Beginn des Jahres 1847 hat sich sein Gesundheitszustand dramatisch verschlechtert, und seine Freunde sind in ernsthafter Sorge um ihn. Nicht nur die Lungen, auch das Herz ist angegriffen. Die Frau, die dem »geliebten Leichnam« einst die Kraft zu leben gab, hat ihm jetzt den Todesstoß versetzt. Die Ärzte verordnen neben Opiumtropfen auch homöopathische Präparate. Mit Erfolg: Chopin erholt sich allmählich wieder, ist aber sehr geschwächt. Das Treppensteigen bereitet ihm größte Mühe, und auf Spaziergänge verzichtet er gänzlich. Der Musik, der Fürsorge seiner Freunde und der eigenen Rücksichtnahme auf seine zarte Gesundheit hat er es zu verdanken, daß

Links:
*Blick auf die Place Vendôme von Chopins letzter Wohnung aus.*

Oben:
*Daguerrotypie von Frédéric Chopin aus dem Jahr 1849, aufgenommen von L. A. Bisson.* Sammlung Chopin-Gesellschaft Warschau.

RECHTS:
*Porträt der Jane Stirling.*
Sammlung Chopin-Gesellschaft Warschau.

UNTEN:
*Stirling Castle.*
Sammlung Rigal.

er Anfang 1848 so weit wiederhergestellt ist, daß er am 16. Februar ein Konzert in den Salons Pleyel geben kann.

Die Schottin Jane Stirling, eine seiner ersten Schülerinnen, die ihm sehr zugetan ist, versucht ihn zu einer Konzertreise nach England zu bewegen. Das, so hofft sie, werde ihn auf andere Gedanken bringen; außerdem müsse man nach vorn blicken. Chopin läßt sich überreden. Fast fluchtartig verläßt er Paris, wo am 22. Februar das Fieber der Revolution ausgebrochen ist: Zwei Tage genügen, den Bürgerkönig zum Abdanken zu zwingen. Die Republik wird ausgerufen. In Chopin keimt neue Hoffnung. Wird der Funke der Februarrevolution auch auf seine Heimat überspringen und ihr die nationale Einheit bringen? »(...) Gott weiß, welchen Weg das alles gehen wird, damit wieder ein Polen entsteht«, schreibt er Julian Fontana am 4. April 1848 *(Briefe)*. Und von London aus prophezeit er Wojciech Grzymała: »Deine Urururenkel werden in einigen Hundert Jahren aus dem freien Polen entweder in das wiedergeborene Frankreich oder in etwas anderes an seiner Stelle kommen« (Brief vom 8.–17. Juli 1848. *Briefe*). Seine Hoffnungen erfüllen sich nicht: Polen kann sich nicht vom Joch der Fremdherrschaft befreien.

Am 4. März kommt es zu einer kurzen, zufälligen Begegnung mit George Sand, als er das Vorzimmer der Gräfin Marliani verläßt. Sie wechseln ein paar Worte auf der Treppe; Chopin teilt ihr mit, daß Solange Mutter einer Tochter geworden ist, und wendet sich zum Gehen. Sand folgt ihm, erkundigt sich nach ihrer Tochter, Chopin antwortet mit knappen Sätzen, grüßt sie ein letztes Mal und läßt sie stehen. Bis ins Innerste aufgewühlt von dem unerwarteten Zusammentreffen, kehrt er zu Fuß zum Square d'Orléans zurück. Sand und Chopin werden sich nicht wiedersehen.

In Begleitung von Jane Stirling und Mrs. Erskine, ihrer Schwester, bricht Chopin nach London auf, wo er am 21. April 1848 eintrifft, rechtzeitig zum Beginn der Konzertsaison. Die beiden Frauen umgeben ihn mit großer, schier erdrückender Fürsorge, und er wird während seines ganzen Aufenthalts mit Aufmerksamkeiten förmlich überschüttet. Kaum in der Bentinck Street angekommen, ist er bereits gezwungen, sich nach einer größeren Wohnung umzusehen (die er in der Dover Street findet): Nicht nur der englische Klavierfabrikant Broadwood, sondern auch die durch Niederlassungen vertretenen Firmen Érard und Pleyel haben ihm nämlich ein Klavier zur Verfügung gestellt. »(Drei

*»(...) am Donnerstag verlasse ich dieses hündische London (...). Richte Pleyel aus, daß er mir irgendeinen Flügel am Donnerstag schicken möge (...): Am Freitag laß einen Veilchenstrauß kaufen, damit es im Salon duftet. Ich möchte wenigstens noch etwas Poesie bei mir haben, wenn ich zurückkehre und durch den Salon ins Schlafzimmer gehe, wo ich mich sicherlich für lange Zeit hinlegen werde.« (Chopin an W. Grzymała, 21. November 1848.* Briefe.)

UNTEN:
*Diese nachtschwarze Seidenweste trug Chopin bei seinem letzten Konzert am 16. November 1848 in London.* Sammlung Celda Chopin-Sand (vormals Sammlung Emma Osborne-Pleyel), Kloster Valldemosa.

Instrumente), aber wozu das alles, wenn ich doch nicht die Zeit habe, zu spielen« (Brief an Adolf Gutmann vom 6. Mai 1848. *Briefe*). Und wenn er die Zeit findet, spielt er ausschließlich auf dem Flügel von Pleyel.

Jane Stirling und Catherine Erskine führen ihren Komponisten voller Stolz der feinen Gesellschaft vor. Er kann sich vor Anfragen und Angeboten kaum retten, aber: »Mir fehlt die Kraft für ein solches Leben«, bekennt er in einem Brief an Wojciech Grzymała vom 2. Juni 1848. Zumal er, wie er dem Freund anvertraut, seit einigen Tagen wieder Blut spuckt. Dennoch nimmt er zahlreiche Einladungen an, spielt für Lady Gainsborough und den Marquis Douglas, für die Herzogin von Sutherland und für die erst 19jährige Königin Victoria und ihren Gemahl Prinz Albert. Nach der Pariser liegt ihm nun auch die Londoner Aristokratie zu Füßen. »Man redet nicht, wenn ich spiele, und überall wird angeblich meine Musik gelobt«, erzählt er Grzymała. »Aber meine kleinen Kollegen, mit denen man hier nicht zimperlich umspringt, sind Ursache dafür, daß ich ihnen wie ein Amateur vorkomme und bald irgendein Grandseigneur sein werde, weil ich saubere Schuhe habe und keine Karten mit der Aufschrift herumtrage: *erteilt Stunden zu Hause, spielt an Abenden* und so weiter.« *(Briefe)* Er gibt eine Matinee im Haus Lord Falmouths und bei der Sängerin Adelaide Sartoris, er wird dem Publizisten Hogarth, dem englischen Dichter Samuel Rogers und Charles Dickens vorgestellt, er besucht die Oper, macht die Bekanntschaft der »schwedischen Nachtigall« Jenny Lind und feiert ein Wiedersehen mit Pauline Viardot.

Doch nicht nur das aufreibende Leben, auch die Fürsorge seiner »lieben guten Schottinnen«, wie er Jane Stirling

*Wie viele mögen sich in diesem Salon gedrängt haben, um auf ein Zeichen von Chopin, auf Nachricht von ihm zu warten? Wie viele echte Freunde mögen darunter gewesen sein, wo doch das Appartement eines so »interessanten« Kranken als Treffpunkt der Gesellschaft galt?*

und ihre Schwester in einem Brief an die Familie vom 19. August 1848 bezeichnet *(Briefe)*, zehrt mit der Zeit an seinen Kräften und noch mehr an seinen Nerven. Hinzu kommen finanzielle Sorgen und schwere gesundheitliche Probleme: Seine Husten- und Erstickungsanfälle treten häufiger und heftiger auf, er spuckt Blut, klagt über Kopfschmerzen. Er ist nicht mehr imstande zu komponieren, selbst das Briefeschreiben bereitet ihm größte Mühe. Getrieben von innerer Unruhe, lebensüberdrüssig und resigniert, an Einsamkeit und »irgendeiner dummen Nostalgie« (Brief an Wojciech Grzymała vom 8.–17. Juli 1848. *Briefe*) leidend, ist er mit sich selbst uneins. Wie eine Geigensaite, die aus Versehen an einer Baßgeige aufgezogen wurde, fühlt er sich. Er will nicht mehr denken müssen, Musik nur noch »mechanisch« spielen, ohne Emotionen, ohne Anstrengung, er sehnt sich nach Ruhe.

Trotz seines erbärmlichen Zustands versteht er seine Zuhörer hinzureißen. Doch es sind Schwanengesänge, wie die Frau des großen englischen Schriftstellers Thomas Carlyle erkennt: »Es ist sehr bedauerlich, daß Chopin das Englische weder spricht noch versteht. (…) Ich ziehe seine Musik jeder anderen vor, weil sie nicht wie die meisten mit dem Zweck, Bewunderung zu erregen, produziert wurde, sondern weil sie eine Facette seiner Seele reflektiert, ein Bruchstück seines Lebens, geschaffen für die, die Ohren haben zu hören und ein Herz zu fühlen. Jede einzelne seiner Kompositionen wird die ihm zugemessene Zeit auf Erden um Tage verkürzen. Oh, ich wünschte, ich könnte mit meinem Herzen zu ihm sprechen.« (Brief an Jane Stirling vom Juli 1848)

Als die Londoner *season* zu Ende ist, hofft Chopin auf ein bißchen Ruhe. Aber seine braven Schottinnen überreden ihn zu einer Reise in den Norden, wo, wie sie ihm versichern, die Luft sehr gesund sein soll. Nach einem kurzen Zwischenaufenthalt in Edinburgh fahren sie nach Calder House, dem Besitz Lord Torphichens. Es schließt sich ein Konzert in Manchester mit einem sichtlich geschwächten Chopin an. Nach einem neuerlichen Abstecher nach Edinburgh ist er zu Gast auf Johnstone Castle bei Glasgow, das

einer Schwester Jane Stirlings gehört. Am 27. September gibt er ein Konzert in Glasgow. Danach gönnt er sich ein paar Tage Erholung in Keir Castle bei einem Verwandten Jane Stirlings. Das Konzert am 4. Oktober in Edinburgh soll das einzige in seinem Leben sein, in dem er allein auftritt. Es erschöpft ihn völlig. Einem Aufenthalt bei Lady Bellhaven folgt eine Einladung nach Hamilton Palace. Chopin spielt jeden Abend. Und jeden Abend enden die »Lobsprüche« mit »›*leik water*‹, das heißt, es fließt wie Wasser«, schreibt Chopin am 21. Oktober 1848 aus Hamilton Palace an Wojciech Grzymała (zitiert nach Willi Reich, *Frédéric Chopin. Briefe und Dokumente*). Als er einen lebensbedrohlichen Erstickungsanfall erleidet, entschließt er sich zur Rückkehr nach London. Er will England so rasch wie möglich in Richtung Paris verlassen. Mrs. Erskine folgt ihm auf Schritt und Tritt, zitiert aus der Bibel und predigt vom Seelenheil. Obwohl er sich tödlich langweilt in ihrer Gesellschaft, versucht er, sich nichts anmerken zu lassen. Einige Leute vermuten offensichtlich mehr hinter dieser scheinbar innigen Beziehung, aber Chopin stellt die Sache klar: »Freundschaft ja, habe ich ausdrücklich gesagt, aber ich gebe nicht das Recht zu etwas anderem.« Da er keine Kraft mehr habe, sei er »dem Sarg näher als dem ehelichen Lager« (Brief an Wojciech Grzymała vom 30. Oktober 1848. *Briefe*).

Seine finanziellen Mittel sind erschöpft, seine Kräfte ebenfalls. Dennoch rafft er sich auf und schleppt sich vor seiner Abreise noch einmal auf die Bühne: In der Guildhall gibt er am 16. November ein Wohltätigkeitskonzert zugunsten polnischer Emigranten. Es wird der letzte öffentliche Auftritt in seinem Leben sein.

## »Ich wünsche Ihnen, dass Sie hundert Jahre alt werden«

»Sie fragen mich, wie es Chopin geht. Lassen Sie mich Ihnen antworten, daß es mit seiner Gesundheit langsam bergab geht: an manchen Tagen kann er im Wagen ausfahren, an anderen spuckt er so viel Blut und hat solche Hustenanfälle, daß er fast daran erstickt. Abends geht er nicht mehr aus. Dennoch ist er imstande, einige wenige Klavierstunden zu geben, und an den guten Tagen kann er richtig fröhlich sein. So und nicht anders steht es um ihn. Überdies habe ich ihn lange nicht gesehen. Er war dreimal hier, traf mich aber nicht an. Er spricht noch immer mit größter Hochachtung von Ihnen, und ich behaupte nach wie vor, daß er nie anders von Ihnen gesprochen hat.« (Pauline Viardot an George Sand, 15. Februar 1849.)

Am 24. November 1848 trifft Chopin in Paris ein. In seiner Wohnung am Square d'Orléans wartet neben dem Piano auch ein Veilchenstrauß, ein Willkommensgruß seines alten Freundes Grzymała. Endlich kann er sich ausruhen. Die Freunde sind in größter Sorge. Eugène Delacroix, einer der treuesten, bemerkt, er leide solche Qualen, daß er an nichts mehr Interesse zeige. Chopin macht sich nichts vor, er weiß, wie es um ihn steht, auch wenn er die Hoffnung noch nicht aufgegeben hat. In allen seinen Briefen ist von der Sorge um die Gesundheit die Rede, zumal in Paris und Umgebung die Cholera wütet, die bereits F. W. Kalkbrenner dahingerafft hat. Bleiben die Nachrichten der Freunde einmal aus, gerät er sofort in Panik. Gesundheit, Gesundheit – das ist für alle, die er liebt, sein größter Wunsch. Um seine eigene jedoch ist es schlecht bestellt. Gemäß den ärztlichen Anordnungen verläßt er das Haus sowenig wie möglich. Frische Luft wird als schädlich angesehen. Folglich bleiben auch die Fenster geschlossen, die Vorhänge zugezogen; die Zimmer sind überladen mit Möbeln und allerlei Krimskrams: ein kahler Raum ist angeblich Gift für den Kranken. Der Staub bleibt liegen.

Die Klavierstunden gibt Chopin nach und nach auf. Unvollendete Arbeiten verbrennt er. Eine letzte *Nocturne* und ein kurzer Walzer werden vollendet. Auf Anraten seiner Freunde verläßt er Paris und zieht nach Chaillot, wo sie eine ruhige Wohnung mit Blick über die ganze Stadt für ihn gefunden haben. Alle seine Bekannten und Verehrer scharen sich um ihn. Sogar Jane Stirling und ihre Schwester sind angereist, und auch Clésinger besucht den Kranken. Ob er sich einen Auftrag für eine Totenmaske erhofft?

Am 25. Juni 1849 schreibt Chopin seiner Schwester Ludwika: »Mein Leben, wenn Ihr könnt, dann kommt. Ich bin schwach, und kein Doktor vermag mir so zu helfen wie Ihr« *(Briefe)*. Ludwika Jędrzejewicz trifft am 8. August ein. Aufopferungsvoll pflegt sie den Bruder und organisiert dessen Rückkehr nach Paris in eine sonnige Wohnung an der Place Vendôme. Sie ist ein letztes Geschenk seiner Freunde: Da sich Chopin das teure Appartement nicht leisten könnte, übernehmen sie den größten Teil der Miete. In jenem Sommer unternimmt Louise Grille de Beuzelin, eine alte Bekannte, einen letzten Versuch, George Sand und Chopin auszusöhnen. Sie bittet die Schriftstellerin um einen Besuch bei einem »berühmten Freund«, der sie schmerzlich vermisse. George Sand bleibt hart. »Es ist mir zur Zeit völlig unmöglich, ihn zu besuchen, zumal ein Besuch alles nur noch schlimmer machen würde, glaube ich«, antwortet sie Mitte Juli 1849. Nichtsdestoweniger erkundigt sie sich bei Ludwika Jędrzejewicz nach Chopins Befinden. Es ist nicht bekannt, ob sie eine Antwort auf ihren Brief vom 1. September 1849 bekam. Chopins Zustand ist hoffnungslos. In *Le Journal des*

RECHTS:
*Die Treppe zum Eingang der Pariser Kirche Sainte Madeleine.*

*débats* vom 27. Oktober 1849 schreibt Hector Berlioz: »Er hat so viel Kraft verloren und solche Schmerzen, daß er weder imstande ist, am Klavier zu sitzen und zu spielen, noch zu komponieren. Die geringste Unterhaltung strengt ihn in erschreckendem Maße an. Im allgemeinen versucht er sich so gut wie möglich durch Zeichen verständlich zu machen.«

Im Oktober ist er kaum mehr in der Lage, das Bett zu verlassen. Der Strom der Besucher reißt nicht ab; echte Freunde sind darunter, aber auch viele Neugierige. Er hat für jeden ein Lächeln, doch diese Besuche kosten viel Kraft. Schließlich läßt man nur noch die wirklich guten Freunde zu ihm, der Rest muß draußen im Vorzimmer bleiben. »Alle *vornehmen Damen* der Stadt glaubten sich verpflichtet, in seinem Schlafzimmer in Ohnmacht zu fallen, trotz der Enge, die darin herrschte, weil Zeichner hastig Skizzen anfertigten; ein Daguerreotypist wollte sogar sein Bett ans Fenster schieben lassen, weil dort das Licht günstiger war ... Der brave Gutmann hat diese Geschäftemacher allesamt hinausgeworfen«, berichtet Pauline Viardot George Sand. Am 13. Oktober empfängt der Todkranke aus der Hand des Priesters Aleksander Jelowicki das heilige Abendmahl. Als Gräfin Potocka zwei Tage später herbeieilt, bittet der Sterbende sie, für ihn zu singen. Tapfer unterdrückt sie die Tränen und singt einen Psalm von Marcello für ihn. Am 16. nimmt Chopin Abschied von seinen Freunden; für jeden findet er ein Wort des Trostes und der Zuneigung. Nach einem langen Gespräch mit Abbé Jelowicki legt er die Beichte ab. In der Nacht zum 17. erhält er die letzte Ölung; sein Freund und Schüler Adolf Gutmann hat den Arm um ihn gelegt, um ihn zu stützen. Gegen zwei Uhr morgens flößt er dem Sterbenden einen Schluck Wasser ein. Chopin bringt ein schwaches Lächeln zustande und murmelt: »Mein teurer Freund ...« Dann schließt er für immer die Augen. Adolf Gutmann wird bis an sein Lebensende das Glas mit dem Lippenabdruck Chopins aufbewahren.

Als man einige Tage später die Sachen des Toten ordnet, entdeckt man in der Innentasche seines Gehrocks einen Taschenkalender für das Jahr 1849. Ein Brief fällt heraus. Ein Brief, der wie die Haarsträhne, die man mit ihm zusammen findet, von der einzigen Frau stammt, die er jemals geliebt hat: George Sand.

RECHTS:
*Der polnische Nationaltanz* Mazurka *(Ausschnitt).*
Bibliothèque nationale, Paris.

*Die Orgel der Kirche Sainte Madeleine. Während der Trauerzeremonie für Chopin spielte Lefébure-Wély, der Organist, Chopins* Trauermarsch *sowie die* Préludes h-Moll *und* e-Moll. *Zum Abschluß erklang, dem Wunsch des Verstorbenen entsprechend, das* Requiem *von Mozart, den er sein Leben lang verehrt hatte.*

# KLEINER REISEFÜHRER

*»Sie schätzen Chopins Talent völlig zu Recht; es ist der köstliche Ausdruck eines Wesens von großer Feinheit. Er ist der einzige Pianist, dem ich nicht nur ohne Langeweile, sondern mit äußerster Konzentration zuhören kann.«*

(Marie d'Agoult an Carlotta Marliani, 9. November 1838)

**Rechts:**
*Der Salon der Familie Chopin im Warschauer Palais Krasiński.*

**Unten links:**
*Das Institut Chopin.*

**Unten rechts:**
*Das Kazimirpalais.*

## POLEN

**WARSZAWA** (WARSCHAU)
Die Altstadt der im Zweiten Weltkrieg weitgehend zerstörten Stadt wurde anhand von Aussagen Überlebender sowie nach den etwa um 1772–1774 entstandenen Zeichnungen und Gemälden Bernardo Bellotto Canalettos (1720–1780) historisch getreu wieder aufgebaut.

**Polnische Agentur für Tourismusförderung**
**Ul. Mazowieck 9. Tel.: 00 48 / 22 / 26 64 48.**
**Zentrum für Tourismusinformation**
**Pl. Zamkowy 1–13. Tel.: 00 48 / 22 / 6 35 18 81.**
**Fax: 00 48 / 22 / 31 04 64.**
**Polnisches Informationszentrum für Touristik**
**Marburgerstraße 1, 10789 Berlin. Tel.: 0 30 / 2 10 09 20.**

**Palac Saski** und **Ogród Saski**
(Sächsisches Palais und Sächsischer Garten)
**Pl. Pilsudskiego – Ogród Saski.**
Das stattliche, zwischen dem Sächsischen Park und dem großen Sächsischen Platz gelegene Palais war von 1810–1817 der erste Wohnsitz der Familie Chopin in Warschau. Es wurde im Zweiten Weltkrieg vollständig zerstört. Nur ein Teil der Arkaden blieb erhalten; hier befindet sich das Grabmal des Unbekannten Soldaten.

**Palac Kazimierzowski** (Kazimirpalais; Sitz der Universität)
**Ul. Krakowskie-Przedmiescie 24–28. Tel.: 00 48 / 22 / 20 03 81, Apparat 107.**

Stanislaus II. August Poniatowski, der letzte König von Polen, richtete 1816 im Palais eine Lehranstalt für Ritter ein, aus der sich die Universität von Warschau entwickelte. (Sie wird nach dem Aufstand von 1830 geschlossen.) Zu Chopins Zeiten war das Liceum im Kazimirpalais untergebracht. Gleich daneben, im ersten Stock des Hauses Nummer 27, wohnte die Familie Chopin von 1817–1827. *Sehenswert:* Chopins Porträt und die Gedenktafel am Giebel.

**Salonick Chopinow**
(Salon der Familie Chopin)
**Palac Krasińskich (Akademie für bildende Kunst)**
**Ul. Krakowskie-Przedmiescie 5. Tel.: 00 48 / 22 / 26 62 51 bis 59, Apparat 267.**
**Besichtigungen Montag bis Freitag von 10.00 bis 14.00 Uhr.**
Die dritte Warschauer Wohnung der Chopins im Palais Krasiński befindet sich im zweiten Stock des Wirtschaftsgebäudes, links vom Eingang. Der Komponist lebte hier von 1827–1830, bevor er Warschau für immer verließ.
Die im Zweiten Weltkrieg zerstörten Gebäude wurden nach einem Aquarell von Antoniego Kolberg aus dem Jahr 1832 wieder aufgebaut. Die Einrichtungsgegenstände und Möbel stammen zum Teil aus Spenden. *Sehenswert:* Der Érard-Flügel, auf dem Franz Liszt gespielt hat.

**Kosciól Swietego Krzyza** (Heilig-Kreuz-Kirche)
**Ul. Krakowskie-Przedmiescie 3.**
**Besichtigungen täglich von 6.00 bis 19.00 Uhr.**
Nach der Trauerzeremonie in der Pariser Kirche Sainte Madeleine wurde Chopin auf dem Friedhof Père-Lachaise beigesetzt; sein Herz wurde nach Warschau überführt, wo es in der Heilig-Kreuz-Kirche ruht. Die im 15. Jahrhundert gegründete Kirche ist im 17. Jahrhundert während des Krieges mit Schweden zerstört, aber bereits in den Jahren 1628 bis 1696 wieder aufgebaut worden. Nach dem Zweiten Weltkrieg wurde sie neuerlich restauriert.

**Muzeum Zamek Ostrogski** (Palac Ostrogski)
**Sitz der Chopin-Gesellschaft und Chopin-Museum**
**Ul. Okolnik 1. Tel.: 00 48 / 22 / 27 54 71 oder 27 95 89.**
**Geöffnet vom 2. Mai bis 30. September, Mittwoch bis Freitag von 10.00 bis 17.00 Uhr, samstags und sonntags von 10.00 bis 14.00 Uhr.**

Im Chopin-Museum werden die schönsten Manuskripte, Zeichnungen, Lithographien, Bildnisse und Gegenstände aus dem persönlichen Besitz des Komponisten aufbewahrt. Außerdem kann man hier sein Schreibzeug bewundern, das Bündel mit den Briefen Maria Wodzińskas, die Uhr, die ihm Angelica Catalani geschenkt hatte und die die Stunde seines Todes, zwei Uhr morgens, anzeigt, sowie den Flügel, auf dem er zuletzt spielte.

### Park Łazienki Królewskie

(Łazienki [»Badehaus«]-Park)

**Ul. Agrykilo 1. Tel.: 00 48 / 22 / 6 21 82 12 oder 6 21 62 41 bis 45.**

**Geöffnet täglich bis Einbruch der Dunkelheit.**

### Palac na Wodzie (Museum des Badehauspalais')

**Geöffnet Dienstag bis Sonntag von 9.30 bis 15.15 Uhr.**

1674 ließ sich Stanislaus Lubomirski mitten in einem Wald- und Jagdgebiet ein Badehaus errichten. Der künftige König Stanislaus Poniatowski erweiterte den Bau in der zweiten Hälfte des 18. Jahrhunderts um ein Stockwerk und einen Ballsaal. Nachdem das Palais die Sommerresidenz der polnischen Könige geworden war, wurde der Wald zum Park umgestaltet. Unter anderem wurden ein Kanal und ein See angelegt.

**Links:** *Das Badehauspalais.*

*Sehenswert:* das von Waclaw Szymanowski geschaffene **Pomnik Fryderyka Chopina** (Denkmal Frédéric Chopin). Von Mai bis September spielen hier, zu Füßen der Statue des Komponisten, jeden Sonntag namhafte Pianisten aus aller Welt.

### Palac Belwedere (Palais Belvedere)

**Ul. Belwederska.**

Die ehemalige Porzellanmanufaktur, zu Chopins Zeiten Residenz des Großherzogs Konstantin, war Sitz des Staatspräsidenten, bis Lech Wałęsa seinen Amtssitz ins Palais Radziwiłł verlegte.

### Palais Radziwiłł

**Ul. Krakowskie-Przedmiescie 46–48.**

Amtssitz des polnischen Staatsoberhaupts. In diesem Palais gab der achtjährige *Schopinek* am 24. Februar 1818 sein erstes Konzert.

### Kosciół Wityzek

(Kirche des Visitandinnenordens)

**Ul. Krakowskie-Przedmiescie.**

Gegründet wurde die Kirche von der polnischen Königin Luisa Maria de Gonzaga. Chopin spielte hier sonntags die Orgel, was jedoch nicht bedeutet, daß sein Verhältnis zum Pfarrer und zum hauptamtlichen Organisten frei von Dissonanzen gewesen wäre!

### Friedhof Powazki

**Ul. Powazkowska.**

**Jederzeit zugänglich.**

Hier haben Chopins Eltern und seine Schwestern ihre letzte Ruhestätte gefunden. Auch die Gräber seiner Lehrer Józef Elsner und Wojciech Żywny sowie die der Familie Skarbek befinden sich hier.

### Zamek Królewski

(Königsschloß)

**Pl. Zamkowy 4. Tel.: 00 48 / 22 / 6 35 39 95 und 31 91 99.**

Das Schloß, ursprünglich ein Barockbau, der neben einer Rokokofassade zur Weichsel hin auch gotische Elemente aufweist, ist das Symbol nationaler Selbstbestimmung. Heute ist hier ein angesehenes, jedermann zugängliches Museum untergebracht. Ansehen sollte man sich auch die Kolumna Zygmunta (Sigismund-Säule) unmittelbar daneben. Hier beginnt die Königsstraße, über die man in die Altstadt gelangt.

**Unten:** *Die Kirche des Visitandinnenordens.*

## SZAFARNIA

Das Dorf in der Region Kujawy liegt vierzig Kilometer nordöstlich von Toruń in der Nähe von Gołub-Dobrzyń.

### Kulturzentrum Frédéric Chopin

**Szafarnia.**

In den Jahren 1824 und 1825 wurde Chopin von den Eltern seines Klassenkameraden Dominik Dziewanowski auf ihr Gut in Szafarnia eingeladen. Hier erhielt er Einblick in das bäuerliche Leben, jagte Rebhühner und Hasen, half bei der Ernte in Obrow, tanzte mit den jungen Bäuerinnen und prägte sich die Volkslieder Masowiens ein. Er begleitete die Familie auch bei Besuchen in Gulbiny, Sokolowo, Ugoszcz. Am andern Ufer der Drwecale lohnt ein Besuch der historischen Stätte Gołub.

Oben:
*Die Weichsel (Wisła) bei Toruń.*

Rechts:
*Die Pfarrkirche von Brochów.*

## TORUŃ (THORN)

### Fremdenverkehrsamt

**Ul. Piekary 37–39. Tel.: 00 48 / 56 / 6 21 09 31 oder 6 21 09 30.**

Während der Ferien in Szafarnia unternahm Chopin auch zahlreiche Ausflüge, zum Beispiel nach Toruń, der Heimatstadt der Skarbeks.

### Kosciół św. Jana

(Pfarrkirche St. Johannes)

**Ul. Zeglarska.**

**Eine Besichtigung der im 13. Jahrhundert erbauten Kirche ist während der Gottesdienste eingeschränkt möglich.**

### Haus Fenger

**Ul. Mostowa (auch die Straße der Antiquitätenhändler!).**

Auf dem Weg nach Szafarnia hielt sich Chopin 1825 hier, im ehemaligen Haus der Skarbeks, auf. Die Barockfassade des im 18. Jahrhundert erbauten Gebäudes hat im 19. Jahrhundert ein neues, aber langweiligeres neoklassizistisches Gesicht bekommen.

In der Altstadt kann man noch viele von preußischer Baukunst beeinflußte Barockbauten bewundern, so zum Beispiel das **Dom pod Gwiazdą** (Haus zum Stern) unweit des Kopernikus-Denkmals **(Rynek-Staromiejski 35)**. Es dürfte diesen Ornamentalstil am eindrucksvollsten verkörpern. Genau gegenüber liegt übrigens das sehenswerte **Rathaus** der Stadt.

### Dom Kopernika

(Kopernikushaus)

**Ul. M.-Kopernika 15–17. Tel.: 00 48 / 56 / 2 67 48.**

**Geöffnet von 10.00 bis 18.00 Uhr. Montags geschlossen.**

Vermutlich kam der Astronom am 19. Februar 1473 in diesem Haus mit der reichverzierten Backsteinfassade zur Welt. Zu Chopins Zeiten hielt man ein anderes, etwas weiter entferntes Gebäude in derselben Straße **(ul. Kopernika 40, Ecke ul. Piekary)** für sein Geburtshaus. Die Verwirrung rührt offensichtlich daher, daß die wohlhabende Kaufmannsfamilie Kopernikus mehrere Häuser in der Stadt besaß. Kopernikus starb übrigens 1543 im ostpreußischen Frauenburg.

## BROCHÓW

**Der Ort liegt einen Kilometer nördlich von Żelazowa Wola.**

### Kirche St. Rochus

**Geöffnet sonntags zur Messe.**

1113 stand hier eine bescheidene kleine Holzkirche. Als sie einzustürzen drohte, begann man gegen Ende des 16. Jahrhunderts mit dem Bau der gegenwärtigen Kirche. Sie wurde im Ersten Weltkrieg zerstört und 1929 wieder aufgebaut; 1939 wurde sie abermals von Bomben getroffen und 1948 erneut restauriert. Bis auf das wuchtige romanische Portal ist die von dicken, türmchenbesetzten Mauern umgebene Wehrkirche im Stil masurischer Gotik erbaut. Das Innere allerdings verrät Renaissanceeinflüsse.

In dieser Kirche wurden die 23jährige Justyna Krzyzanowska und der 35jährige Nicolas Chopin am 2. Juni 1809 getraut. Hier wurde auch ihr Sohn Frédéric (Fryderyk) am 23. April 1810 getauft, und Tochter Ludwika trat hier am 28. September 1832 mit Józef Kalasanty Jędrzejewicz vor den Altar.

## ŻELAZOWA WOLA

**Der Ort liegt sechzig Kilometer westlich von Warschau an der Straße nach Poznań.**

### Chopins Geburtshaus

**Geöffnet vom 2. Mai bis 30. September von 10.00 bis 17.30 Uhr, vom 1. Oktober bis 30. April von 10.00 bis 16.00 Uhr. Montags geschlossen.**

Chopins Geburtshaus wurde 1931 restauriert und die recht karge Inneneinrichtung nachgebildet. In einem sich zur Terrasse hin öffnenden Saal finden sich während der Sommermonate namhafte Pianisten ein. Ein wunderschöner romantischer Park, durch den sich die Utrata schlängelt, umgibt das bescheidene Haus.

## KRAKÓW (KRAKAU)

Auf der Fahrt nach Wien 1829 legte Chopin in Krakau einen Zwischenaufenthalt ein.

### Kosciół Mariacki (Marienkirche)

**Stary Rynek.**

Im Glockenturm spielt ein Wächter zu jeder vollen Stunde das *Hejnał Mariacki*; das Signal reißt an exakt der Stelle ab, an der der Trompeter während eines Türkenangriffs von einem Pfeil tödlich verwundet wurde. Auf diese Weise wird die Erinnerung an die leidvolle Zeit der Stadt wachgehalten. Neben der schönen gotischen Architektur sollte man sich insbesondere den geschnitzten farbenprächtigen Hochaltar aus dem 15. Jahrhundert ansehen, ein von Veit Stoß geschaffenes Meisterwerk.

### Sukiennice (Tuchhallen) und Nationalmuseum

**Stary Rynek.**

Die Hallen wurden im 17. und 18. Jahrhundert erhöht und erweitert. Grotesken schmücken ihre Türmchen, und die Gewölbe der Arkaden, unter denen sich zahlreiche Geschäfte angesiedelt haben, sind mit den Wappen der größten polnischen Städte bemalt. Im ersten Stock ist das **Nationalmuseum** untergebracht.

### Kosciół Sw. Piotra i Pawela (Peter-und-Paul-Kirche)

**Ul. Grodzka.**

Die Kirche mit der Barockfassade ist nach Meinung der Krakauer offensichtlich viel zu klein, weil der Platz in ihrem Innern nicht ausreicht für all die Statuen: Die Apostel empfangen die Gläubigen daher draußen auf den Pfosten des Gitterzauns.

Ganz in der Nähe liegt das ehemalige Judenviertel (nicht zu verwechseln mit dem Ghetto!). Das **Museum für jüdische Kunst** in der alten Synagoge und den »**Museumsfriedhof**« unmittelbar daneben sollte man sich unbedingt ansehen.

### Kosciół Sw. Andrezeja (Andreas-Kirche)

**Ul. Grodzka.**

Die im 11. Jahrhundert erbaute Kirche ist die älteste romanische in Krakau. Das Innere wurde Anfang des 18. Jahrhunderts im Krakauer Barockstil umgestaltet.

### Wawel – Zamek Królewski (Burgberg Wawel)

**Ul. Podzamcze.**

Die Schloßanlage auf ihrer natürlichen Anhöhe beherrscht das Stadtbild des alten und des neuen Krakau. Die Symbole kirchlicher und weltlicher Macht sind hier vereint. Im Arkadenhof des Schlosses kann man Überreste prächtiger bunter Fresken bewundern; sie befinden sich unter eleganten Dächern, deren kupferne Regenrinnen mit Drachenköpfen und grotesken Fabelwesen verziert sind.

**Oben:**
*Chopin-Denkmal in Żelazowa Wola.*

**Links:**
*Peter-und-Paul-Kirche in Warschau.*

### Kosciół Katedralny śś. Wacława i Stanisława Biskupa

(Kathedrale des heiligen Wenzel und des heiligen Stanislaus)

Den Sakralbau innerhalb der Schloßanlage mit dem bemerkenswerten Dach, das verschiedene plastische Figuren (die Apostel, ein Lamm, einen Pelikan und anderes mehr darstellend) zieren, und den mit Vergoldungen und glitzernden Schwärmertöpfen geschmückten Turm sollte man sich ansehen.

Wer zu Fuß in die Altstadt zurückgeht, sollte den Wawel durch die Kathedrale verlassen und einen Spaziergang durch die **Ul. Kanonicza** (Kardinalsstraße) machen. Sie ist gesäumt von wunderschönen Bürgerhäusern mit reichverzierten Renaissancefassaden aus dem 16. und 17. Jahrhundert, wie sie für das damalige Nordeuropa typisch sind.

### Muzeum Universytetu Jagiellonskiego

(Museum der Jagiellonischen Universität)

**Ehemaliges Collegium Maius. Ul. Sw.-Anny 8.**

Dieses prächtige Beispiel gotischer Profanbaukunst besteht aus mehreren Gebäuden, die um einen herrlichen Hof mit umlaufender Galerie angeordnet sind. Das Museum beherbergt historische Sammlungen sowie Gegenstände aus dem Bereich Himmels- und Sternkunde, darunter auch einige aus dem Besitz Nikolaus Kopernikus'. Chopin trug sich hier 1829 ins Goldene Buch ein.

### Ojcowski Park Narodowy (Nationalpark Ojców)

**Der Park liegt dreißig Kilometer westlich von Krakau in Richtung Katowice (zu erreichen über die NE 4).**

Die einzigartige, in einem Tal gelegene Naturlandschaft wird von hohen Kalkfelsen gesäumt (von denen einige besonders skurril

**Rechts:**
*Die Krakauer Kathedrale des heiligen Wenzel und des heiligen Stanislaus.*

**Ganz rechts:**
*Der Krakauer Wawel.*

geformte wie die berühmte Herkuleskeule auch Namen bekommen haben). Zahlreiche, teils gestaute Flüsse durchziehen sie. Chopin war fasziniert von der landschaftlichen Schönheit. Heute ist der Park einer der wenigen Orte, wo man noch guterhaltene alte Bauernhäuser aus Holz besichtigen kann.

### Schloß von Pieskowa Skala

**Nationalpark Ojców**

Das auf einem felsigen Vorgebirge erbaute Schloß gehörte einst der Familie Radziwiłł. Chopin kam während seines Aufenthalts in Krakau hierher. Den nach dem Vorbild französischer Gartenbaukunst angelegten Garten am Ende eines alten Grabens konnte er damals schon bewundern.

Heute ist in den prunkvollen Innenräumen ein Museum eingerichtet, das eine wunderschöne Sammlung von Möbeln und Kunstgegenständen zeigt.

## POZNAŃ (POSEN)

1828, auf der Fahrt zum Jagdschloß der Radziwiłłs, machte Chopin Zwischenstation in Poznań. Der große Marktplatz ist ein schönes Beispiel für den preußischen Einfluß in der polnischen Baukunst. Er ist umgeben von Läden, Geschäften und Bürgerhäusern, von denen einige Museen mit kostbaren Sammlungen beherbergen.

### Muzeum Instrumentów Muzycznich

(Museum der Musikinstrumente)

**Stary Rynek 45–47. Tel.: 00 48 / 52 / 08 57.**

Hier steht eines der Pianos, auf denen Chopin bei seinen Besuchen bei den Radziwiłłs spielte.

### Armeemuseum

**Stary Rynek 9. Tel.: 00 48 / 52 / 67 39.**

Hier werden Erinnerungsstücke an die glorreiche Vergangenheit des Militärs aufbewahrt und etliche der farbenprächtigen Uniformen, die zu Chopins Zeiten zum Stadtbild gehörten. Russische, polnische und preußische Uniformen erinnern an das geteilte Polen.

### Muzeum Etnograficzne (Ethnographisches Museum)

**Ul. Mostawa 7. Tel.: 00 48 / 52 / 30 06.**

Das wunderschöne Museum in einem Stadtviertel aus dem 19. Jahrhundert lohnt seiner heimatkundlichen Ausstellungen wegen einen Besuch.

## ANTONIN

### Jagdschloß Radziwiłł

**63422 Antonin. Tel.: 00 48 / 7 34 81 14.**

In dem architektonisch ungewöhnlichen Jagdschloß, das Antoni Radziwiłł sich bauen ließ, hielt sich Chopin in den Jahren von 1826 bis 1829 mehrmals auf. Jedes Jahr im September findet in dem zum Hotel umgewandelten Schloß ein Chopin-Festival statt.

## SANNIKI

### Frédéric-Chopin-Zentrum

Nach dem Abschluß des Universitätsjahres 1828 fuhr Chopin mit seiner Familie nach Sanniki. Dort widmete er sich nicht nur seiner Musik, er ging auch spazieren, interessierte sich für das Liedgut Masowiens und besuchte die Bälle Marianna Pruszaks. Der Landsitz brannte nieder und wurde 1910 wieder aufgebaut. Seit 1981 ist hier ein Frédéric-Chopin-Zentrum untergebracht.

**Rechts:**
*Das Jagdschloß Radziwiłł.*

# WIEN

### Fremdenverkehrsamt Wien
**Obere Augartenstraße 40, 1025 Wien.**
**Fax: 00 43 / 1 / 2 16 84 82.**

### Österreichisches Fremdenverkehrsamt
**Rotwandweg 4, 82024 Taufkirchen. Tel.: 0 89 / 66 67 01 00.**

### Chopin-Haus
**9. Bezirk, Am Kohlmarkt.**

Das Haus von Baronin Lachmanowicz existiert nicht mehr. Lediglich eine Tafel weist noch auf die Stelle hin, an der es einmal stand. Das ganze Viertel hat sich Ende des 19. und zu Beginn des 20. Jahrhunderts stark verändert. Die barocke **Michaelerkirche** gibt es aber noch. In dem Haus aus dem 18. Jahrhundert unmittelbar daneben wohnte einst Haydn und starb der Dichter Metastasio.
Ganz am Ende des Kohlmarkts, wo sich heute das gewaltige **Michaelertor** befindet, stand früher das 1890 abgerissene Burgtheater, wo Chopin so manches Konzert besuchte. Das 1741 unter Kaiserin Maria Theresia gegründete Theater an der Burg, wie es ursprünglich hieß, wurde durch Kaiser Joseph II. zum Nationaltheater.

### Kärntnertortheater
**1. Bezirk, Kärntner Straße 38 (unweit vom Fremdenverkehrsamt).**

Es sieht fast so aus, als wäre allen Stätten, an denen Chopin verweilte, ein trauriges Schicksal beschieden! Das Theater, an dem er am 11. August 1829 sein Wiener Debüt gab, existiert heute nicht mehr. Das Theater im Freihause auf der Wieden, wo 1791 Mozarts *Zauberflöte* uraufgeführt wurde, gibt es ebenfalls nicht mehr. Ersetzt wurde es durch das **Theater an der Wien**. In der Millöcker Gasse 6 kann man sich über der aus dem Jahr 1801 stammenden Toreinfahrt die Darstellung einer Szene aus der *Zauberflöte* mit E. Schikaneder (der das Libretto schrieb) als Papageno ansehen. Gegenüber liegt übrigens die Papageno-Gasse!

### 1. Bezirk, Neuer Markt 14
In diesem Haus fand vermutlich die erste Begegnung zwischen Chopin und dem Musikverleger Tobias Haslinger statt – gratis!

### Stephansdom
**1. Bezirk, Stephansplatz 1. Tel.: 00 43 / 1 / 5 15 52 35 26.**
**Besichtigung jederzeit außerhalb des Gottesdienstes, Führungen montags bis samstags von 10.30 bis 15.00 Uhr, sonn- und feiertags um 15.00 Uhr. Besichtigung abends von Juni bis September um 19.00 Uhr.**

Im Dom verbrachte Chopin eines der traurigsten Weihnachtsfeste seines Lebens, als ihn Zweifel an sich selbst und die Sorge um die Familie in dem von der Revolution erschütterten Polen quälten.
Wenn man den Dom verläßt, sieht man links, in Richtung Katakomben gelegen, die schlichte **Armenkapelle**, wo am 6. Dezember 1791 Mozarts Sarg gesegnet wurde. Ganz in der Nähe steht die berühmte, von der Dreifaltigkeitsgruppe gekrönte **Pestsäule**, die von Leopold I. zwischen 1687 und 1693 nach dem Ende der verheerenden Pest von 1679 errichtet wurde.

### Figarohaus
**1. Bezirk, Domgasse 5. Tel.: 00 43 / 1 / 5 13 62 94.**

Von 1784 bis 1787 bewohnte Mozart hier eine wunderschöne, reichverzierte Wohnung im ersten Stock. Hier komponierte er *Figaros Hochzeit*.

### Deutschordenshaus
**1. Bezirk, Singerstraße 7. Tel.: 00 43 / 1 / 5 12 10 65.**

Hier wohnte Mozart vom 16. März bis zum 2. Mai 1781. Er war Fürsterzbischof Colloredo nach Wien gefolgt. Der Terrenasaal, prunkvoller Zeuge des barocken 18. Jahrhunderts, im hinteren Teil des Gebäudes dient heute noch als Festsaal. Im ersten Stock kann man die Schatzkammer des Deutschritterordens bewundern.
Wer möchte, kann auf Chopins Spuren das malerische **alte Judenviertel** rings um die Judengasse besuchen und von dort zur **Bastei** bummeln, einem beliebten Treffpunkt der damaligen Wiener Gesellschaft. Chopin ging hier oft spazieren.
Ein Besuch im **Pasqualatihaus**, einer Beethovengedenkstätte **(1. Bezirk, Mölkerbastei 8. Tel.: 00 43 / 1 / 5 35 89 05)**, sei empfohlen.

**Oben:**
*Der Wiener Stephansdom.*

**Links:**
*Das Theater an der Wien.*

Das Haus verströmt die von Schubert so geschätzte Wiener Atmosphäre des 18. und beginnenden 19. Jahrhunderts. **(Adressen weiterer Musikerhäuser sind rechts aufgeführt.)**
Man sollte sich auch die Zeit für einen Spaziergang außerhalb der Innenstadt nehmen, zum Beispiel in das Viertel rund um die **Lackner-Gasse**, wo einst Dr. Malfatti wohnte (das Haus existiert heute nicht mehr). Lohnende Ziele bietet auch die Umgebung Wiens, etwa der Leopoldsberg und der Kahlenberg, wo es heute noch die Winzerorte gibt, die schon Schubert besuchte. Auf der Rückfahrt nach Wien sollte man auf jeden Fall einen Abstecher im **Naturpark und Erholungsgebiet Prater**, in **Schloß Schönbrunn** und im **Tivoli** machen, wo sich Chopin oft im Fiaker spazierenfahren ließ. Das **Gartenpalais Belvedere** mit seinen von Dominique Girard für Prinz Eugen im 18. Jahrhundert kunstvoll angelegten Gärten sollte man sich ebenfalls ansehen.

### Oberes Belvedere

**3. Bezirk,**
**Prinz-Eugen-Straße 27.**

### Unteres Belvedere

**3. Bezirk,**
**Rennweg 6a.**
Hier bietet sich zudem ein Besuch in der **Österreichischen Galerie** an.
**Tel.: 00 43 / 1 / 7 95 57–0.**

**Rechts:**
*Statue im Park von Schloß Schönbrunn.*

Wien ist bekannt für seine **Kaffeehäuser**, in denen auch Chopin häufiger Gast war. Das **Café Frauenhuber** war Treffpunkt der Musiker und Komponisten **(1. Bezirk, Himmelpfortgasse 6. Tel.: 00 43 / 1 / 5 12 43 23)**. Eines der elegantesten Wiener Cafés ist das **Café Landtmann (1. Bezirk, Dr.-Karl-Lueger-Ring 4)**; es liegt im selben Viertel wie die Häuser von Beethoven und Schubert. Das **Hotel Sacher (1. Bezirk, Philharmonikerstraße 4, dort wo einst das Hoftheater stand)** ist weltberühmt für seine Schokoladentorte, die Sachertorte. Gegenüber dem Haus am Kohlmarkt, in dem Chopin einmal wohnte, befinden sich das **Café Central am Palais Harrach (Herrengasse 3)** sowie das **Café Demel**.

**Rechts:**
*Das Belvedere.*

### Beethovenhäuser

**Haus des Heiligenstädter Testaments**
**19. Bezirk, Probusgasse 6. Tel.: 00 43 / 1 / 37 54 08.**
**Eroica-Haus**
**19. Bezirk, Döblinger Hauptstraße 92. Tel.: 00 43 / 1 / 3 69 14 24.**

### Schuberthäuser

**Schuberts Geburtshaus**
**9. Bezirk, Nußdorfer Straße 54. Tel.: 00 43 / 1 / 3 17 36 01.**

**Ganz rechts:**
*Mozarts Grabstele auf dem St. Marxer Friedhof.*

**Letzte Wohnung:**
**4. Bezirk,**
**Kattenbückengasse 6.**
**Tel.: 00 43 / 1 / 5 81 67 30.**

### Johann-Strauß-Haus

**2. Bezirk, Praterstraße 54.**
**Tel.: 00 43 / 1 / 2 14 01 21.**

### Haydnhaus

**6. Bezirk, Haydn-Gasse 19.**
**Tel.: 00 43 / 1 / 5 96 13 07.**
Mit einem Johannes Brahms gewidmeten Saal.

### Zentralfriedhof

**11. Bezirk, Simmeringer Hauptstraße 234.**
Denkmäler von Mozart, Beethoven, Schubert, Brahms und Strauß.

### St. Marxer Friedhof

**3. Bezirk, Leberstraße 6–8.**
Vermutlich ruhen hier die sterblichen Überreste Mozarts. Eine Grabstele mit einem Engel bezeichnet die Stelle.

## PARIS

**Office de tourisme et des congrès de Paris**
**127, Avenue des Champs-Élysées, 75008 Paris.**
**Tel.: 00 33 / 8 / 36 68 31 12, Fax: 00 33 / 1 / 49 52 53 00.**

**Französisches Fremdenverkehrsamt**
**Westendstraße 47, 60325 Frankfurt. Tel.: 0 69 / 74 38 70 85.**

*»Hier ist es seit einigen Tagen kalt, und es gibt viel Schnupfen. Man erzählt, die Ärzte hätten die Mode eingeführt, daß man nach dem Diner, das heißt gegen acht, zu den Champs Elysées spazierenfährt, um sich zu erkälten. – Und in der Tat sieht man jetzt abends schöne Wagen in langen Reihen in den elyseischen Alleen, angefüllt mit Damen in Abendtoiletten (…)«.*
(Chopin an seine Familie, 8. Juni 1847. *Briefe*)

Viele von Chopins Pariser Adressen gibt es heute leider nicht mehr. Wer möchte, kann dennoch versuchen, ein wenig von der Atmosphäre vergangener Tage aufzuspüren. Deshalb sind auch die nicht mehr existierenden Adressen in die Liste aufgenommen worden. In chronologischer Reihenfolge:

- 27, Boulevard Poissonnière, II. Arrondissement.
- 4, Cité Bergère, IX. Arrondissement. Existiert noch!
- 5, Rue de la Chaussée-d'Antin, IX. Arrondissement. Die Straße hieß damals noch Rue du Mont-Blanc. Heute steht an dieser Stelle das Hôtel Victoria.
- 38, Rue de la Chaussée-d'Antin, IX. Arrondissement.
- 5, Rue Tronchet, VIII. Arrondissement.
- 9, Square d'Orléans, IX. Arrondissement. Existiert noch!
- 74, Rue de Chaillot, XVI. Arrondissement. Ein anderes Gebäude steht heute an dieser Stelle.
- 12, Place Vendôme, I. Arrondissement. Hier, im Grand Salon Louis XVI, heute einer der Salons Chaumet, komponierte und spielte Chopin während der letzten vier Monate seines Lebens. Das zum Innenhof hin gelegene Appartement im ersten Stock des Gebäudes bewohnte übrigens Eugénie de Montijo, die spätere Gemahlin Napoleons III. und Kaiserin Frankreichs.

### I. ARRONDISSEMENT

Chopin tritt im Palais des Tuileries (abgerissen) vor König Louis Philippe und seiner Familie auf und geht in der Umgebung des **Jardin des Tuileries** spazieren.

### II. UND IX. ARRONDISSEMENT

Von den einstigen Konzertsälen existieren nur noch das **Théâtre des Italiens**, an dessen Stelle sich heute die Opéra-Comique erhebt **(5, rue Favart, II. Arrondissement)**, und das wenige Schritte entfernte **ehemalige Konservatorium (2, Rue du Conservatoire, IX. Arrondissement)**, das 1811 gegründet wurde.

**Conservatoire Supérieur d'Art Dramatique**
(Schauspielschule)
**2 bis, Rue du Conservatoire, 75009 Paris.**
**Tel.: 00 33 / 1 / 42 46 12 91.**
**Der ehemalige Konzertsaal kann montags bis freitags von 13.00 bis 14.00 Uhr außerhalb der Vorstellungen besichtigt werden.**

**Salle Érard**
**13, Rue du Mail, 75002 Paris.**
Franz Liszt hat sich hier mehrmals aufgehalten. Kann heute nicht mehr besichtigt werden, aber die Salons gibt es noch immer.

**Salons Pleyel**
**9, Rue Cadet, 75009 Paris.**
Auch sie gibt es noch, Besichtigung ebenfalls nicht möglich.

### IV. ARRONDISSEMENT

**Société historique et littéraire polonaise**
(Polnische historische und literarische Gesellschaft)
**6, Quai d'Orléans. Tel.: 00 33 / 1 / 55 42 83 83.**
Chopin war Mitglied der Gesellschaft, in deren Besitz sich zahlreiche Dokumente und Erinnerungsstücke aus dem Leben des Komponisten und der in Paris ansässigen polnischen Emigranten des 19. Jahrhunderts befinden.
Chopin ist oft Gast bei Fürst Czartoryski, der 1842 das **Hôtel Lambert** erwirbt **(Île St. Louis, IV. Arrondissement. Nicht zu besichtigen)**. Dort findet der berühmte »polnische Basar«, ein Wohltätigkeitsbasar, statt, für den Delacroix seinen *Christus am Kreuz* malte.

### VI. ARRONDISSEMENT

**Musée Eugène Delacroix**
**6, Rue de Furstenberg. Tel.: 00 33 / 1 / 44 41 86 50.**
**Geöffnet täglich außer dienstags von 9.30 bis 17.00 Uhr.**
Ein Ort der Begegnung mit einem der treuesten Freunde Chopins.

**Oben:**
*Der Grand Salon Louis XVI., wo Chopin am 17. Oktober 1849 starb.*

**Links:**
*Am Square d'Orléans.*

VIII. ARRONDISSEMENT

### Institut Polonais

**29, Rue Jean-Gougeon. Tel.: 00 33 / 1 / 53 93 90 13.**

Hier erfährt man alles über Polen!

### Kirche Sainte Madeleine

**14, Rue Surène.**

**Besichtigung täglich von 9.00 bis 19.00 Uhr außerhalb der Gottesdienste. Informationen über Gruppenführungen unter Tel. 00 33 / 1 / 44 51 69 00.**

Am 30. Oktober 1849 finden die Trauerfeierlichkeiten für Chopin in dieser Kirche statt. Als seine Schwester Ludwika anderntags die Heimreise nach Polen antritt, führt sie Chopins Herz mit sich. Es wird in einer Säule in der Warschauer Heilig-Kreuz-Kirche beigesetzt.

**Rechts:**
*Chopins Grab auf dem Friedhof Père-Lachaise.*

**Ganz rechts:**
*Der Park von Saint-Cloud.*

XX. ARRONDISSEMENT

### Friedhof Père-Lachaise

**Boulevard de Ménilmontant. Geöffnet täglich von 10.00 bis 17.30 Uhr.**

Das von Jean Baptiste Clésinger geschaffene Grabmal wurde am 17. Oktober 1850 enthüllt. Neben Chopin haben Alfred de Musset und auch Clésinger ihre letzte Ruhe gefunden.

**Unten:**
*Das Musée de la Vie romantique.*

## EMPFEHLENSWERT

### Musée de la Vie romantique

**16, Rue Chaptal, 75009 Paris.**
**Tel.: 00 33 / 1 / 48 74 95 38.**
**Geöffnet täglich außer montags und feiertags von 10.00 bis 17.40 Uhr.**

Hier werden mehr als 170 Erinnerungsstücke an George Sand verwahrt. Aber die Sammlung gibt nicht nur Einblick in das Leben der Autorin, die fester Bestandteil des Pariser Lebens ihrer Zeit war, sondern reflektiert auch die Romantik im Spiegel historischer Szenen und Ausstattungen.

### Musée de la Musique

**Cité de la Musique.**
**221, Avenue Jean-Jaurès, 75019 Paris. Tel.: 00 33 / 1 / 53 19 90 23.**
**Geöffnet dienstags, mittwochs und donnerstags von 12.00 bis 18.00 Uhr, freitags und samstags von 12.00 bis 19.30 Uhr, sonntags von 10.00 bis 18.00 Uhr. Montags geschlossen.**

Hier kann man einige der königlichen Instrumente aus der Zeit Chopins bewundern.

## UMGEBUNG VON PARIS

Mit George Sand und Sainte-Beuve geht Chopin im **Bois de Boulogne** und am Teich von Auteuil spazieren. Am 29. Oktober 1839 spielt er gemeinsam mit Ignaz Moscheles in **Saint-Cloud** für die königliche Familie (Park und Wasserspiele des ehemaligen Schlosses lohnen einen Besuch).

VAL D'OISE

Im Sommer 1835 fährt Chopin zur Kur nach **Enghien.** Dort trifft er Delphine Potocka wieder.

### S. E. E. T. E.

**(Société d'exploitation des Eaux et Thermes d'Enghien** – Kurverwaltung Enghien)

**85, Rue du Général-De-Gaulle, 95880 Enghien-les-Bains.**
**Tel.: 00 33 / 1 / 39 34 13 00.**

Er besucht bei der Gelegenheit auch Niemcewicz, der in **Montmorency** einen Kreis polnischer Emigranten um sich geschart hat. Näher bei Enghien, nämlich in **Saint-Gratien**, befand sich das Schloß des Marquis Astolphe de Custine. Es wurde 1860 abgerissen, aber ein lohnendes Ausflugsziel ist die Stadt dennoch.

# MALLORCA

## PALMA DE MALLORCA

**Oficinas de Información turística**
(Fremdenverkehrsamt)
**Plaça de la Reina 2, 07012 Palma de Mallorca.**
**Tel.: 00 34 / 9 71 / 71 22 16. Fax: 00 34 / 9 71 / 72 02 51.**

**Ibatur (Instituto Balear de Turismo)**
**Montenegro 5, 07012 Palma de Mallorca.**
**Tel.: 00 34 / 9 71 / 17 71 50. Fax: 00 34 / 9 71 / 17 06 00.**

**Spanisches Fremdenverkehrsamt**
**Kurfürstendamm 180, 10707 Berlin. Tel.: 0 30 / 8 82 65 43.**

### Calle de la Marina

Nach langer, mühevoller Suche fanden Chopin und George Sand eine Unterkunft in der Calle de la Marina. Die winzige Wohnung gibt es heute nicht mehr, aber der Blick auf die ehemalige königliche Residenz ist immer noch einzigartig.

### Die Kathedrale

**Plaça de la Almoina.**
**Besichtigungen außerhalb der Gottesdienste.**

Die (mit Ausnahme der erst im 19. Jahrhundert vollendeten Fassade) 1601 fertiggestellte Kathedrale ist eines der eindrucksvollsten Beispiele für die Vermischung von Gotik und Renaissance. »Das Innere ist recht streng und dunkel«, befand George Sand. Der große Chor wird von einer Fensterrose in Form eines Davidsterns erhellt, der dem alten Judenviertel zugewandt ist. Der »feinporige Kalkstein von hübscher Bernsteinfarbe« *(Ein Winter auf Mallorca)* reflektiert das Glühen der untergehenden Sonne auf die Bucht von Palma.

### Palacio Almudaina (Königspalast)

**Besichtigungen von April bis September von 10.00 bis 18.30 Uhr, von Oktober bis März montags bis freitags von 10.00 bis 14.00 Uhr und von**

**Links:**
*Die Kathedrale in Palma de Mallorca.*

**16.00 bis 18.00 Uhr, samstags und feiertags von 10.00 bis 14.00 Uhr. Sonntags geschlossen.**

»Der Königspalast von Palma bietet einen recht pittoresken Anblick. Es gibt nichts, was unregelmäßiger, wirrer und von wüsterer Mittelalterlichkeit sein könnte als dieser Herrensitz, ebenso aber nichts Stolzeres, Eigenwilligeres und Hildagomäßigeres als diese Burg (…)« *(Ein Winter auf Mallorca).*

### Castillo de Bellver

**Besichtigungen während der Sommersaison von 8.00 bis 20.00 Uhr.**
**Sommerfestival (Informationen beim Fremdenverkehrsamt).**

Jakob II. ließ den gotischen Bau Ende des 13. und zu Beginn des 14. Jahrhunderts in Form eines Kreises anlegen. Der wunderschöne Innenhof mit umlaufenden zweigeschossigen Arkaden ist eines der eindrucksvollsten Beispiele Mallorcas für die Verbindung von Profan- und Festungsbaukunst. Seine wuchtige Silhouette erinnert an

**Links:**
*Palacio Real in Palma de Mallorca.*

**Rechts:**
*S'on Vent.*

**Rechts:**
*Teatro Principal in Palma de Mallorca.*

die Kraks des Chevaliers, jene zur gleichen Zeit erbauten Kreuzritterburgen im Heiligen Land. Der Wald ringsum sorgt selbst bei größter Hitze für angenehme Kühle.

### Teatro Principal de Palma de Mallorca

**Nicht zu besichtigen. Informationen über den Spielplan beim Fremdenverkehrsamt.**

Das im 17. Jahrhundert gegründete, viele Male umgestaltete Theater wurde 1860 nach dem Vorbild seines Vorgängers restauriert. Die Fresken von Ankerman und die faszinierende Decke sind zwar nicht mehr dieselben, die George Sand bewundert hat, kommen ihnen aber dennoch sehr nahe.

### La Lonja (ehemalige Börse des Seehandels)

**Passeig Guillem Sagrera, Plaça de la Llotja 5. Kann während der Ausstellungen besichtigt werden, Informationen beim Fremdenverkehrsamt.**

Der von Guillem Sagrera entworfene bedeutendste Profanbau der Insel verkörpert nicht nur den Höhepunkt des gotischen Baustils des 15. Jahrhunderts, sondern ist auch ein Symbol für die wirtschaftliche Blüte jener Zeit. Das Innere, ein einziger riesiger Saal, wird von sechs eleganten, spiralförmig gewundenen Säulen getragen. Die Stirnseite der Börse schmückt eine Johannes-Statue, die Einflüsse gotischer Baukunst anderer Länder verrät.

### Die arabischen Bäder

**Calle de Can Serra 7. Geöffnet von 9.30 bis 19.00 Uhr.**

Das Bauwerk gehört zu den bemerkenswertesten Zeugen arabischer Baukunst in Palma. Es wurde Ende des 11. und zu Beginn des 12. Jahrhunderts erbaut und befindet sich in einem malerischen Park, dem Can Fontiroig.

Wer den Ausflug in die Vergangenheit fortsetzen möchte, dem sei am Abend ein Besuch im **Abaco (San Juan 1)** empfohlen, wo man Erfrischungen in einer Umgebung, die an barocker Pracht kaum zu überbieten ist, genießen kann.

### S'ON VENT (Haus des Windes)

**Bei Establiments.**

Als sich Chopin und Sand die Gelegenheit bot, Palma und ihrem lauten Nachbarn, dem Böttcher in der Calle de la Marina, zu entfliehen, griffen sie zu und zogen in das kleine Haus. Man kann es nicht besichtigen, aber man kann es von der Straße aus sehen und wie einst Chopin, Sand und die Kinder im Bett der Riéra unten im Tal spazierengehen.

## VALLDEMOSA

### Oficinas de Información Turística

(Fremdenverkehrsamt)

**Cartuja de Valldemosa, 07170 Valldemosa.**

**Tel.: 00 34 / 9 71 / 61 21 06.**

Valldemosa gehört zu den schönsten Orten der Insel. Seine Gäßchen schmiegen sich an den Hügel und winden sich um die der heiligen Catalina geweihten Kirche. An jeder Hausfassade kann man Kacheln sehen, die mit Szenen aus dem Leben der »kleinen Heiligen« bemalt sind.

Den Klosterfriedhof auf der Plaça de la Cartoixa gibt es heute nicht mehr. Früher züchteten die Mönche hier in einem großen Becken Schildkröten für die Klosterküche.

## Real Cartuja (Cartoixa) de Valldemosa

**Celda Chopin-Sand (Zelle Nummer 2).**

**Tel.: 00 34 / 9 71 / 61 21 81.**

Zum Gebäudekomplex dieser prächtigen Kartause, deren Turm mit grünen Fliesen verkleidet ist, gehört auch eine Kapelle (Baubeginn 1731) mit Fresken von Bayeu, Goyas Schwager. Die eingerichtete Sakristei, die Zelle des Priors mit einer umfangreichen Bibliothek und die schmucklosen Gänge führen alle auf den halb zugewucherten Kreuzgang hinaus. Die Apotheke mit ihren Töpfen, Retorten und Gefäßen aus bunter Majolika ist derjenigen nachgebildet worden, die Chopin und Sand kannten, befindet sich heute aber in einer ehemaligen Kapelle (damals wurde sie übrigens von dem einstigen Kartäuser Gabriel Oliver y Ramis geführt). Hinter dem **Palast des Königs Sancho** sieht man die Fassade der ursprünglichen Apotheke sowie Überreste von Fresken.

Die **Zelle Nummer 2** präsentiert die schönste Sammlung authentischer Gegenstände aus dem Besitz Chopins und Sands. Hier kann man zum Beispiel das »kleine mallorquinische Piano« bewundern und von der Terrasse den Blick über die Landschaft schweifen lassen, wo George Sand mit ihren Kindern spazierenging, während Chopin allein zurückblieb und stundenlang bis zur völligen Erschöpfung, bis er zu halluzinieren begann, komponierte. Im **Städtischen Museum** ist eine hochinteressante Ausstellung über die Buchdruckerkunst sowie über Erzherzog Louis Salvador von Österreich zu sehen.

Im sogenannten **Palast des Königs Sancho**, einem wunderschönen, elegant möblierten mallorquinischen Herrenhaus, geben junge einheimische Interpreten im Musiksaal täglich Konzerte für die Besucher.

**Im August findet ein Chopin-Festival unter der Schirmherrschaft der spanischen Königin statt. Informationen unter Tel. 00 34 / 9 71 / 61 23 51.**

## EMPFEHLENSWERT

### Ermitat de la Trinitat (Einsiedelei La Trinitat)

**An der Straße von Valldemosa nach Deià.**

**Besichtigung der Kapelle und des Gartens über dem Meer jederzeit möglich.**

Damals als Chopin und Sand einen Ausflug hierher machten, lebten vier Mönche in der Einsiedelei.

### Granja de Fortuny

**Nordwestlich von Palma in der Nähe von Esporlas.**

»Wenn einer unserer großen Landschaftsmaler jemals nach Mallorca kommt, so empfehle ich ihm den Landsitz Granja de Fortuny (…) mit den Orangen- und Zitronenbäumen in der Mulde, die sich vor seinen Marmorkolonnaden erstreckt (…).« *(Ein Winter auf Mallorca)*

### Felanitx

**Östlich von Palma in Richtung Küste.**

»In Felanitx blüht die Töpferei, deren Erzeugnisse weite Verbreitung in Europa verdienten. Sie sind so leicht, daß man meinen möchte, sie seien aus Kork, und so feinkörnig, daß man den Ton für ein kostbares Material halten könnte« *(Ein Winter auf Mallorca).*

**Links:**
*Das mallorquinische Piano, auf dem Chopin spielte, bis das von Pleyel versprochene eintraf.*

**Ganz links:**
*Die Kartause von Valldemosa.*

**Links:**
*Die Apotheke wurde in der ersten Hälfte des 20. Jahrhunderts wieder in der Kartause eingerichtet.*

**Ganz links:**
*Von diesem Gang gelangt man in die Zelle, in der Chopin stundenlang komponierte.*

**Rechts:**
*Das kleine Theater in Nohant im ehemaligen Zimmer von Solange.*

**Rechts:**
*Das mit Motiven zum Thema Wanderjahre verzierte Schreib- und Lesepult von George Sand.*

**Unten:**
*Innen- und Außenansicht der Kirche von Nohant.*

## DAS BERRY

*»Ich hatte das Haus meiner Erinnerungen, um den künftigen Erinnerungen meiner Kinder einen Platz zu bieten. Ob man wohl gut daran tut, an diesen Stätten voller lieblicher und grausamer Bilder festzuhalten, wo die Geschichte unseres eigenen Lebens in geheimnisvollen, unauslöschlichen Buchstaben an jede Wand geschrieben ist und wo bei jeder Seelenerschütterung tiefe Emotionen oder kindlich abergläubische Ängste heraufbeschworen werden?«*

(George Sand, Geschichte meines Lebens)

### NOHANT

**Bureau de tourisme**
(Fremdenverkehrsamt)
**Place de l'Église,**
**36400 Nohant.**
**Tel.: 00 33 / 2 / 54 31 07 37.**

**Château de Nohant – Maison de George-Sand**
(George-Sand-Haus im Schloß Nohant)
**An der D 943 in Richtung La Châtre. Nohant-Vic, 36400 La Châtre. (Der Besitz wird vom Staatlichen Amt für Denkmalschutz verwaltet.) Tel.: 00 33 / 2 / 54 31 06 04. Geöffnet vom 2. Januar bis 31. März und vom 16. Oktober bis 31. Dezember von 10.00 bis 12.15 Uhr und von 14.00 bis 16.30 Uhr; vom 1. April bis 30. Juni und vom 1. September bis 15. Oktober von 9.00 bis 12.15 Uhr und von 14.00 bis 18.30 Uhr; im Juli und August von 9.00 bis 19.30 Uhr.**

Jedes Jahr im Juni finden die Romantischen Feste von Nohant und im Juli die Internationalen Begegnungen Frédéric-Chopin-La Châtre-Nohant statt **(Veranstalter sind der Verein Musique au pays de George Sand und das Centre international George-Sand et le romantisme, Château d'Ars, 36400 La Châtre).**

**Die Kirche von Nohant**
**Nohant-Vic, 36400 La Châtre. Tel. (Rathaus): 00 33 / 2 / 54 31 01 07.**
Die Fresken aus dem 12. Jahrhundert sind 1849 wiederentdeckt worden. George Sand hat sich dafür eingesetzt, daß Prosper Mérimée, seit 1831 Inspektor der historischen Denkmäler Frankreichs, sie unter Denkmalschutz stellte. Im Pariser Musée des Monuments français im Palais de Chaillot sind die Wandmalereien nachgebildet worden.

### LA CHÂTRE

**Office du tourisme de La Châtre** (Fremdenverkehrsamt)
**Square George-Sand, B.P. (Postfach) 115, 36400 La Châtre.**
**Tel.: 00 33 / 2 / 54 48 22 64. Fax: 00 33 / 2 / 54 06 09 15.**

**Château de Montgivray**
**36400 La Châtre.**
Das Schloß gehörte Hippolyte Chatiron, George Sands Halbbruder, und später ihrer Tochter Solange. Heute ist das Rathaus darin untergebracht.

**Musée de George-Sand et de la Vallée noire**
**7, Rue Venôse, 36400 La Châtre.**
**Tel.: 00 33 / 2 / 54 48 36 79.**
**Geöffnet von 9.00 bis 12.00 Uhr und von 14.00 bis 19.00 Uhr.**

Ständige Ausstellung über das Werk und das politische Engagement der Schriftstellerin, darunter Manuskripte und Erstdrucke.

## EMPFEHLENSWERT

### Château de Saint-Chartier

**36400 Saint-Chartier. Tel.: 00 33 / 2 / 54 31 10 17.**

**Besichtigungen vom 1. April bis 30. Juni und vom 1. September bis 12. November samstags, sonn- und feiertags von 10.00 bis 18.00 Uhr; vom 1. Juli bis 31. August täglich geöffnet.**

Die großen Säle des Schlosses, das bereits zu George Sands Jugendzeit aufgegeben worden war, dienten als Rahmen für ihren Roman *Les Maîtres sonneurs (Die Musikanten-Zunft).*

### Château d'Ars

**36400 Ars. Tel. (Rathaus): 00 33 / 2 / 54 48 14 52.**

**Das Schloß ist nicht zu besichtigen.**

In diesem auf mittelalterlichen Fundamenten errichteten Renaissancebau wohnte Dr. Gustave Papet, Arzt und Freund von George Sand, der oft kam, um Chopin zu untersuchen und seine Brust abzuhorchen. Hier spielt Sands Roman *Les Beaux Messieurs du Bois doré.*

### Villa Algira

**36190 Gargilesse-Dampierre. Tel.: 00 33 / 2 / 54 47 84 14.**

**Geöffnet vom 1. April bis 30. September täglich von 9.30 bis 12.30 Uhr und von 14.30 bis 19.00 Uhr; vom 1. Oktober bis 30. November nur samstags, sonn- und feiertags zu den gleichen Zeiten.**

George Sand entdeckte Gargilesse 1844 auf ihren Ausflügen mit Chopin. Der Graveur Alexandre Manceau erwarb das »kleine Haus«, das Sands Zuflucht wurde. Mit Hilfe von Aurore Sand, ihrer Enkelin, die Erinnerungsstücke an die Großmutter und an Maurice, ihren

**Links:**
*Das Château de Saint-Chartier.*

Vater, zur Verfügung stellte, ist diese »Oase« in den sechziger Jahren des 20. Jahrhunderts rekonstruiert worden.

**Links:**
*Das Château d'Ars.*

### Château de Boussac

**23600 Boussac. Tel.: 00 33 / 2 / 55 65 07 62.**

**Besichtigungen das ganze Jahr über täglich von 9.00 bis 12.00 Uhr und von 14.00 bis 18.00 Uhr.**

George Sand besuchte 1841 hier ihren Freund Pierre Leroux. Sie schlief in einem Zimmer im ersten Stock. Am meisten beeindruckte sie der Wandbehang *Die Dame mit dem Einhorn*, der seit 1660 dort aufbewahrt wurde (heute ist er im Pariser Musée de Cluny zu sehen).

### Mers-sur-Indre

**36230 Mers-sur-Indre.**

Mitten im **Wald von Chanteloube** liegt die **mare au Diable**, (Teufelsteich), die dem gleichnamigen Roman Sands seinen Titel gab (zu deutsch: *Das Teufelsmoor*). Der Weg dorthin ist ausgeschildert. Chopin, Delacroix und Pauline Viardot gingen hier oft spazieren.

## ZEITTAFEL

**1810**
1. März: Frédéric Chopin wird als zweites Kind von Justyna (geboren 1782) und Nicolas Chopin (geboren 1771) in Żelazowa Wola geboren. Getauft wird er am 23. April in Brochów. Im September zieht die Familie in ein Nebengebäude des Sächsischen Palais in Warschau.

**1811 und 1812**
Izabela und Emilia Chopin werden geboren.

**1817**
Chopin bekommt Klavierunterricht bei Wojciech Żywny. Seine erste Komposition, die ***Polonaise g-Moll***, wird auch gleich gedruckt.

**1818**
24. Februar: Chopins erster öffentlicher Auftritt im Palais Radziwiłł. 26. September: Die Mutter des Zaren besucht das Liceum Warszawskie. Chopin macht ihr zwei Kompositionen zum Geschenk, die ***Polonaise g-Moll*** und die ***Polonaise B-Dur*** (von 1817).

**1820**
Angelica Catalani schenkt ihm in Anerkennung seiner genialen Begabung eine goldene Taschenuhr.

**1821**
Chopin schenkt Żywny zu dessen Geburtstag eine ***Polonaise As-Dur.*** Er verkehrt in der Warschauer Gesellschaft und hat eine gewisse Berühmtheit erlangt.

**1822**
Chopin wird von Józef Elsner unterrichtet.
Werk: ***Polonaise gis-Moll***.

**1824**
Sommerferien in Szafarnia bei Dominik Dziewanowski. Chopin entdeckt die Volksmusik und verfaßt seinen *Kuryer Szafarski.* Dezember: Aufführung im Familienkreis seiner Komödie *Der Irrtum oder Der mutmaßliche Spitzbube.* Werke: ***Polonaise gis-Moll, Variationen über ein deutsches Volkslied (»Der Schweizerbub«).***

**1825**
Mai: Chopin spielt für den Zaren, der ihm einen Diamantring schenkt. Im Mai und Juni tritt er mehrmals öffentlich auf und spielt jeden Sonntag in der Kirche des Visitandinnenordens die Orgel. Die Sommerferien verbringt er in Szafarnia, von wo er Ausflüge nach Toruń und Gdańsk (Danzig) macht. Werke: ***Mazurka B-Dur, Mazurka G-Dur, Rondo c-Moll*** (op. 1), ***Rondo C-Dur*** (op. 73).

**1826**
Juli: Chopin darf Vorlesungen an der Warschauer Universität besuchen. Er begleitet seine Schwester Emilia nach Duszniki (Bad Reinerz) zur Kur. 11. August: Er gibt ein Konzert zugunsten von Waisenkindern. September: Rückkehr nach Warschau, wo er mit dem Studium am Konservatorium beginnt. Unterricht bei Elsner. Werke: ***Rondo à la Mazur F-Dur*** (op. 5), ***Trauermarsch*** (op. 72, Nr. 2), ***Drei Ecossaisen*** (op. 72, Nr. 3), ***Polonaise b-Moll, Variationen über ein Thema von Moore***.

**1827**
Tod Emilias. Die Familie zieht ins Palais Krasiński um. Werke: ***Variationen über* Là ci darem la mano *aus Mozarts* Don Giovanni** (op. 2), ***Sonate c-Moll, Sonate Nr. 1 c-Moll*** (op. 4), ***Mazurka a-Moll*** (op. 68, Nr. 2), ***Drei Polonaisen d-Moll, B-Dur, f-Moll*** (op. 71), ***Contredanse, Lieder nach Texten von Mickiewicz*** (op. 74, zwischen 1827 und 1837 komponierter Zyklus).

**1828**
September: Kurzer Aufenthalt in Berlin. Werke: ***Etüden Nr. 1 und 2, Trio für Klavier, Violine und Violoncello g-Moll*** (op. 8), ***Rondo à la Krakowiak*** (op. 14), ***Polonaise*** (op. 71, Nr. 2), ***Rondo C-Dur.***

**1829**
Elsner bestätigt Chopins Genie. August: Chopin hält sich in Wien auf. Er gibt zwei Konzerte und trifft mit dem Musikverleger Haslinger zusammen. Wieder in Warschau, verliebt er sich in Konstancja Gładkowska. Werke: ***Introduktion und Polonaise für Klavier und Violoncello C-Dur*** (op. 3), ***Konzert für Klavier und Orchester f-Moll*** (op. 21), ***Fantasie über polnische Themen für Klavier und Orchester A-Dur*** (op. 13), ***Zwei Lieder*** (op. 74). Oktober: Aufenthalt im Jagdschloß Antonin des Fürsten Radziwiłł. Dezember: Konzert im Palais der Kaufmannsgilde, Begegnung mit dem Dichter Stefan Witwicki. Werke: ***Mazurka G-Dur*** (op. 67, Nr. 1), ***Walzer h-Moll*** (op. 69, Nr. 2), ***Walzer Des-Dur*** (op. 70, Nr. 3), ***Walzer E-Dur, Variationen über ein Thema von Paganini (Souvenir de Paganini), Lieder nach Texten von Witwicki*** (op. 74, zwischen 1829 und 1838 komponierter Zyklus).

**1830**
November: Chopin verläßt Polen. Er wird nie mehr zurückkehren. Reise nach Wien. Schumann äußert sich begeistert über das Genie des jungen Pianisten. 29. November: Beginn des polnischen Aufstands. Werke: ***Mazurken fis-Moll, E-Dur*** (op. 6, Nr. 1 und 3), ***Nocturnes b-Moll, Es-Dur, H-Dur*** (op. 9), ***Nocturne cis-Moll (Lento con gran espressione), Zwölf Etüden*** (op. 10), ***Konzert für Klavier und Orchester Nr. 1 e-Moll*** (op. 11), ***Polonaise Ges-Dur, Walzer As-Dur, Walzer e-Moll, Andante spianato und Grande Polonaise brillante*** (op. 22).

**1831**
Chopin fährt über München und Stuttgart, wo er im September von der Einnahme Warschaus erfährt, nach Paris. Werke: ***Vier Mazurken fis-Moll, cis-Moll, E-Dur, es-Moll*** (op. 6), ***Nocturnes F-Dur, Fis-Dur, g-Moll*** (op. 15), ***Vier Mazurken B-Dur, e-Moll, As-Dur, a-Moll*** (op. 17), ***Scherzo Nr. 1 h-Moll*** (op. 20), ***Ballade Nr. 1 g-Moll*** (op. 23), ***Walzer a-Moll*** (op. 34, Nr. 2), ***Lieder nach Texten von Osinski*** (op. 74, Nr. 16), die sogenannte ***Revolutionsetüde*** (***Etüde*** op. 10, Nr. 12).

**1832**
26. Februar: Erstes Pariser Konzert Chopins in den Salons Pleyel. April und Mai: Chopin ist häufiger Gast in den Pariser Salons und insbesondere bei Baron Rothschild. Er verkehrt auch in den Kreisen der polnischen Emigranten. Werke: ***Rondo Es-Dur*** (op. 16), ***Zwölf Etüden*** (op. 25), ***Zwei Polonaisen cis-Moll, es-Moll*** (op. 26), ***Allegro de Concert A-Dur*** (op. 46), ***Walzer Ges-Dur*** (op. 70, Nr. 1), ***Gran Duo concertant über Themen aus Meyerbeers Robert, der Teufel*** (in Zusammenarbeit mit Franchomme).

**1833**
Chopin und Liszt geben ein Konzert zugunsten von Harriett Smithson. Freundschaft mit Bellini, Berlioz, Franchomme. Chopin wird in die Polnische Literarische Gesellschaft aufgenommen. Werke: ***Variationen über ein Thema aus der Oper* Ludovic *von Halévy*** (op. 12), ***Walzer Es-Dur*** (op. 18), ***Bolero C-Dur*** (op. 19), ***Fantasie Impromptu*** (op. 66).

**1834**
Chopin teilt sich eine Wohnung mit Jan Matuszyński. Mai: Reise nach Aachen zum Niederrheinischen Musikfest, danach Abstecher nach Köln, Koblenz und Düsseldorf. Begegnung mit Felix Mendelssohn Bartholdy. Werke: ***Vier Mazurken g-Moll, C-Dur, As-Dur, b-Moll*** (op. 24), ***Prélude »presto con leggerezza«***.

**1835**
Konzerte im Salle Érard, in den Salons Pleyel, im Théâtre des Italiens, im Konservatorium. Kurzer Aufenthalt in Enghien, dann in Saint-Gratien bei Marquis de Custine. Anschließend Reise nach Karlsbad, wo er seine Eltern wiedersieht. Von dort fährt er nach Dresden. Er lernt Maria Wodzińska kennen und lieben. Werke: ***Zwei Nocturnes cis-Moll, Des-Dur*** (op. 27), ***Scherzo Nr. 2 des-Moll*** (op. 31), ***Zwei Nocturnes H-Dur, As-Dur*** (op. 32), ***Walzer As-Dur*** (op. 34, Nr. 1), ***Mazurka C-Dur*** (op. 67, Nr. 3), ***Walzer A-Dur*** (op. 69, Nr. 1).

**1836**
Aufenthalt in Marienbad, wo er Maria Wodzińska und ihre Familie trifft. Heimliche Verlobung mit Maria. Reise nach Leipzig, wo er mit Robert Schumann zusammentrifft. Werke: ***Vier Mazurken c-Moll, h-Moll, Des-Dur, cis-Moll*** (op. 30), ***Ballade Nr. 2 F-Dur*** (op. 38), ***Lied nach einem Text von Wincenty Pol*** (op. 74, Nr. 17).

**1837**
Auflösung der Verlobung mit Maria Wodzińska. Chopin begleitet Camille Pleyel nach London. Werke: ***24 Préludes*** (op. 28), ***Vier Mazurken gis-Moll, D-Dur, C-Dur, h-Moll*** (op. 33), ***Sonate Nr. 2 b-Moll*** (op. 35), ***Impromptu Nr. 1 As-Dur und Nr. 2 Fis-Dur*** (op. 29 und 36), ***Zwei Nocturnes g-Moll, G-Dur*** (op. 37), ***Variationen über ein Thema aus Bellinis Oper* I Puritani**.

**1838**
Chopin spielt für König Louis Philippe im Palais des Tuileries. Ende Juni: Beginn der Beziehung zu George Sand. Werke: ***Walzer F-Dur*** (op. 34, Nr. 3), ***Zwei Polonaisen A-Dur, c-Moll*** (op. 40), ***Vier Mazurken e-Moll, H-Dur, As-Dur, cis-Moll*** (op. 41), ***»La prière des Polonais«***. Oktober 1838 bis Februar 1839: Aufenthalt auf Mallorca mit George Sand und ihren beiden Kindern. Werke: ***Trois nouvelles études.***

**Mai 1839**
Aufenthalt in Nohant. Von da an verbringen Chopin und Sand den Winter in Paris, den Sommer in Nohant. Werke: ***Scherzo Nr. 3 cis-Moll*** (op. 39).

**1840**
Werke: ***Walzer As-Dur*** (op. 42), ***Walzer As-Dur*** (op. 64, Nr. 3), ***Sostenuto (Walzer Es-Dur).***

**1841**
Werke: ***Tarantella As-Dur*** (op. 43), ***Polonaise fis-Moll*** (op. 44), ***Prélude cis-Moll*** (op. 45), ***Ballade Nr. 3 As-Dur*** (op. 47), ***Zwei Nocturnes c-Moll*** und ***fis-Moll*** (op. 48), ***Fantasie f-Moll*** (op. 49), ***Zwei Mazurken a-Moll, Drei Mazurken G-Dur, As-Dur*** und ***cis-Moll*** (op. 50), ***Walzer f-Moll*** (op. 70, Nr. 2).

**1842**
Werke: ***Polonaise As-Dur*** (op. 53), ***Impromptu Nr. 3 Ges-Dur*** (op. 51), ***Ballade Nr. 4 f-Moll*** (op. 52), ***Scherzo Nr. 4 E-Dur*** (op. 54).

**1843**
Werke: ***Zwei Nocturnes f-Moll*** und ***Es-Dur*** (op. 55), ***Drei Mazurken H-Dur, C-Dur, c-Moll*** (op. 56), ***Berceuse Des-Dur*** (op. 57), ***Moderato.***

**1844**
Tod von Nicolas Chopin. Werke: ***Sonate h-Moll*** (op. 58).

**1845**
Werke: ***Drei Mazurken a-Moll, As-Dur, fis-Moll*** (op. 59), ***Barcarolle Fis-Dur*** (op. 60), ***Sonate für Klavier und Violoncello*** (op. 65), ***Lieder nach Texten von Józef Zaleski*** (op. 74, zwischen 1840 und 1845 komponierter Zyklus).

**1846**
Erste Spannungen in der Beziehung zwischen Chopin und Sand. Werke: ***Polonaise-Fantasie As-Dur*** (op. 61), ***Zwei Nocturnes H-Dur, E-Dur*** (op. 62), ***Drei Mazurken H-Dur, f-Moll, cis-Moll*** (op. 63), ***Mazurka a-Moll*** (op. 67, Nr. 4).

**1847**
Trennung von George Sand. Chopin erkrankt schwer. Werke: ***Walzer Des-Dur, cis-Moll*** (op. 64, Nr. 1 und 2), ***Nocturne e-Moll*** (op. 72), ***Lied nach einem Text von Zygmunt Krasiński*** (op. 74, Nr. 19).

**1848**
Chopin läßt sich von seinen Freunden und von seiner Schülerin Jane Stirling zu einer Reise nach England überreden. 23. November: Rückkehr nach Paris. Er ist dem Tod näher als dem Leben. Werke: ***Mazurka g-Moll*** (op. 67 Nr. 2).

**1849**
Sommer: Chopins Zustand hat sich so verschlechtert, daß er das Bett kaum noch verlassen kann. Seine Schwester Ludwika reist aus Polen an, um ihn zu pflegen. Umzug nach Chaillot der gesünderen Luft wegen. Werke: ***Mazurka f-Moll*** (op. 68, Nr. 4). Herbst: Neuerlicher Umzug in eine wunderschöne Wohnung an der Place Vendôme 12. Sein Zustand ist hoffnungslos. Chopin stirbt am 17. Oktober um zwei Uhr morgens. Am 30. Oktober findet in der Kirche Sainte Madeleine die Trauerfeier statt. Sein Herz wird von Ludwika Jędrzejewicz nach Warschau überführt.

**1850**
Auf dem Pariser Friedhof Père-Lachaise enthüllt Jean Baptiste Clésinger das von ihm geschaffene Grabmal für Frédéric Chopin.

## BIBLIOGRAPHIE


**Frédéric Chopin**, *Briefe*. Herausgegeben von Krystyna Kobylanska. Frankfurt am Main 1984.

**Friedrich Chopin,** *Gesammelte Briefe*. Herausgegeben von Bernard Scharlitt. Leipzig 1911.

**Berlioz, Hector,** *Nécrologie de Chopin*. Erschienen in *Le Journal des débats* vom 27. Oktober 1849.

**Bidou, Henri**, *Chopin*. Librairie Félix Alcan, Reihe *Les Maîtres de la Musique*. Paris 1928.

**Burger, Ernst,** *Frédéric Chopin. Eine Lebenschronik in Bildern und Dokumenten*. München 1990.

**Chalon, Jean,** *George Sand – Ein Leben in Leidenschaft*. Berlin 1995.

**Cortot, Alfred,** *Chopin. Wesen und Gestalt*. Zürich 1954.

**Ferra, Bartomeu,** *Chopin et George Sand à Majorque*. Palma de Mallorca 1936.

**Ganche, Édouard,** *Dans le souvenir de Frédéric Chopin*. Erschienen im *Mercure de France*, Paris 1925.

Rechts und oben: *Karikaturen, die Chopin als Kind zeichnete.* Sammlung Chopin-Gesellschaft Warschau.


**ders.,** *Souffrances de Frédéric Chopin*. Erschienen im *Mercure de France*. Paris 1935.

**Gavoty, Bernard,** *Chopin*. Tübingen 1977.

**Hugo, Victor,** *Les Châtiments* (Die Züchtigungen). Brüssel 1853.

**Jansen, Johannes,** *Frédéric Chopin*. Herausgegeben von Martin Sulzer-Reichel. München 1999.

**Karasowski, Moritz**, *Friedrich Chopin. Sein Leben und seine Briefe*. Berlin 1877.

**Kobylanska, Krystyna,** *Chopin in der Heimat. Urkunden und Andenken*. Krakau 1955.

**dies.,** *Frédéric Chopin. Thematisch-Bibliographisches Werkverzeichnis*. München 1978.

**Liszt, Franz,** *Gesammelte Schriften. Friedrich Chopin*. Leipzig 1880. Nachdruck Hildesheim 1978.

**Lotz, Jürgen,** *Frédéric Chopin*. Reinbek bei Hamburg 1995.

**Mallet, Francine,** *Die Muse der Republik. George Sand 1804–1876*. Stuttgart 1979.

**Maurois, André,** *Das Leben der George Sand*. München 1985.

**Metzger, Heinz K., und Riehn, Rainer (Herausgeber),** *Fryderyk Chopin*. München 1985.

**Moscheles, Ignaz,** *Études ou leçons de perfectionnement avec notes explicatives sur la manière des les étudier et de les exécuter*. Maison Meissonnier et. E. Gérard éditeurs.

**Paderewski, Ignacy (Herausgeber),** *Frédéric Chopin. Sämtliche Werke in 21 Bänden*. Krakau 1949–1961.

**Reich, Willi,** *Frédéric Chopin. Briefe und Dokumente*. Zürich 1985.

**Samson, Jim,** *Frédéric Chopin*. Reclams Musikführer. Stuttgart 1991.

**Sand, George**, *Ein Winter auf Mallorca*. München 1985.

**dies.,** *Nimm Deinen Mut in beide Hände. Briefe*. München 1990.

**dies.,** *Geschichte meines Lebens*. 12 Bände. Leipzig, 2. Auflage 1863.

**Zielinski, Tadeusz,** *Chopin*. Krakau 1993.

# REGISTER

Die *kursiv* gesetzten Ziffern verweisen auf Bildlegenden.

VERZEICHNIS DER PERSONEN UND WERKE


Adam, Louis 60
Agoult, Gräfin Marie d' 66, 78, *78*, 82, 89, *90*, 91, 97, 121
Alexander I. 14, 24, 25
Arago, Emmanuel *121*
Auber, Daniel François Esprit
*Fra Diavolo* 60
August II. 90
Bach, Johann Sebastian 20, 68, *77*, 103, 111
Baillot, Pierre-Marie-François *69*
Balzac, Honoré de 118
Barciński, Antoni 80, 124
Beethoven, Ludwig van 30, 35, *44*, 45, 60, *69*, 74, *90*, 93
Bellhaven, Lady 142
Bentkowski, Feliks Jan 28
Berlioz, Harriett (siehe Smithson, Harriett)
Berlioz, Hector 58, *58*, 66, 77, 82, 89, 144
*Symphonie fantastique* 58, 66
Bialecki (Organist) 26
Białobłocki, Jan 24, 26, 28, 29
Bocage (Pierre François Touzé) 118, *121*
Bonnechose, de *121*
Borie, Victor 134
Bourges, Michel de *121*
Brandt, Alfons 40
Brault, Augustine, genannt Titine 126
Broadwood (Klavierfabrikant) 85, 92, 138
Brodzinski, Kasimierz 28
Brunner, Karol 24, 25
Buchholtz, Friedrich 92
Buloz, Christine 103
Calamatta, Luigi *121*
Canut (Bankier) 107
Carlyle, Jane 140
Catalani, Angelica *20*
Charpentier, Auguste *91*, *121*
Chatiron, Hippolyte 59, 74, 115, 118
Cherubini, Luigi 59, *60*, 61, *69*
Chopin, Emilia 14, *14*, 29, *29*
Chopin, François 10, 13
Chopin, Frédéric
*Abschiedswalzer* (siehe auch *Walzer As-Dur*) 79, *81*
*Adagio* 36
*Alla polacca* 36, *36*
*Aufforderung zum Walzer* 120
*Ballade g-Moll* (op. 23) 82
*Barcarolle* (op. 60) 127
*Etüden* 52
*Grande Polonaise brillante* (op. 22) *und Andante spianato* 49, *50*, 77, 82
*Konzert für Klavier und Orchester e-Moll* 40
*Konzert für Klavier und Orchester f-Moll* 63
*Lento con gran espressione* 84
*Mazurken* (op. 41) 111
*Mazurken* (op. 63) 127
*Nocturnes* *52*, *143*
*Nocturnes, Drei* (op. 9) *69*
*Nocturnes* (op. 27) 82
*Nocturnes* (op. 62) 127
*Polonaisen* (op. 26) 82
*Polonaisen* (op. 40) 111
*Polonaise Ges-Dur* 49
*Polonaise f-Moll* (op. 71, Nr. 3) 36, *36*
*Polonaise g-Moll* 20
*Préludes* (op. 28) 111
*Préludes h-Moll und e-Moll* *145*
*Revolutionsetüde* 54
*Rondo c-Moll* 25
*Scherzo h-Moll* 50
*Sonate C-Dur* 46
*Sonate h-Moll* 74
*Sonate für Violoncello und Klavier g-Moll* (op. 65) 127
*Trauermarsch* *145*
*Variationen E-Dur über ein deutsches Volkslied (»Der Schweizerbub«)* 46
*Variationen über Là ci darem la mano* aus Mozarts *Don Giovanni* 33, 35, *38*, 63
*Walzer As-Dur* (op. 34, Nr. 1) 79
*Walzer As-Dur* (op. 69 Nr. 1; auch *Abschiedswalzer* genannt) 79, *81*
*Walzer Des-Dur* *38*
Chopin, Izabela *13*, 14, 49, 69, 72
Chopin, Justyna (geb. Krzyzanowska) 12, *12*, 13, 17, 20, *29*, 84
Chopin, Ludwika (verh. Jedrzejewicz) 12, *13*, 26, *29*, 49, 124, 125, 127, 134, 143
*Masur* 26
Chopin, Nicolas 10, 12, *12*, 13, 14, 16, 17, *17*, 20, *29*, 33, 39, 40, 69, 73, 78, 80, 124
Cinti-Damoreau, Laure 60, *62*
Clementi, Muzio 92
Clésinger, Jean-Baptiste-Auguste 127, 128, 130, 131, 134, 143
Colloredo, Fürsterzbischof *35*
Cristofori, Bartolommeo 92
Custine, Marquis Astolphe de 78, 81, 84, 98
Deflin, Marguerite 10
Delacroix, Eugène 58, *84*, 118, 121, *121*, *124*, *130*, 131, 143
Devéria, Achille *4*, 58, 73
Dickens, Charles 139
Didier, Charles *121*
Dlugosz, Józef 25
*Donaulegenden* 91
Dorn, Heinrich 82
Douglas, Marquis 139
Dumas, Alexandre (Vater) *90*
Dziewanowski, Dominik 22, 24, 58, 66
Elsner, Józef 22, 28, 35, 40, 44, 60, 61, 63, *70*, 73
Enrico *121*
Érard (Klavierbauer) 92, 93, *93*, 138
Erskine, Catherine 138, 139, 142, 143
Falmouth, Lord 139
Fétis, François-Joseph 60, 63
Field, John *69*, 92
Fleury (französischer Konsul) 107
Fontana, Julian 66, 72, 99, 101, 102, 103, 106, 138
Franchomme, Auguste 61, 68, *72*, 121
Friedrich August III. 12
Frontera, Ehepaar 107
Gainsborough, Lady 139
Galitzine, Prinzessin 128
Garcia-Vestris, Lucia-Elisabeth 52
Gautier, Théophile 58
Gładkowska, Konstancja 38, *38*, 40, *40*, 43, 49, 54
Gluck, Christoph Willibald 124
Goethe, Johann Wolfgang
*Faust* 36
Gow, Andrew Carrick *17*
Graf, Konrad 49, *90*
Grille de Beuzelin, Louise 143
Grudzinska, Joanna 20
Grzymała, Wojciech (Albert) 96, 106, *106*, 115, 118, *121*, 128, 130, 137, 138, 139, *139*, 140, 142, 143
Gutmann, Adolf 73, 139, 144
Gyrowetz, Adalbert
*Concerto* 20
Händel, Georg Friedrich 32, 124
*Oratorium Cäcilienode* 32
Haslinger, Tobias 33, 35, 44, 46, 53
Haydn, Joseph 45, 92
Hebenstreit, Pantaleon 25
Heine, Heinrich 82
Hellwig 44
Herz, Brüder 63, 68, 73, 77
Hiller, Ferdinand 60, 62, 68, *69*, *72*, *74*, 77, 85, 90
Hoffmann, Aleksander 70
Hoffmann, J. F. 25
Hoghart, George 139
Hugo, Victor 14, 58, 78, *90*
Ingres, Jean-Auguste-Dominique 58
Jarocki, Feliks Pawel 32
Jędrzejewicz, Józef Kalasanty 124, 127
Jelowicki, Aleksander 144
Kalkbrenner, Friedrich 60, 62, 63, *70*, 73, 74, 143
Karasowski, Moritz 12
Karl VI. 45
Karl X. 57
Klengel, August Alexander 35, 44, 45
Kniaziewicz, General 81
Kolberg, Wilhelm 22
Konstantin, Großherzog *14*, 16, 20
Kopernikus, Nikolaus 24, *24*
Kumelski, Norbert-Alfons 59, 60
*Kuryer Szafarski* 22, *22*
*Kuryer Warszawski* 22, *22*, 40
Kwiatkowski, Teofil *89*
Lablache, Luigi 60
Lachmanowicz, Baronin 45
Laczynska, Ewa 12
Lamartine, Alphonse de 78
Lambert, Eugène 118, 134
Lamennais, Félicité Robert de 82, 89
Lanner, Joseph 49
Lefébure-Wély (Organist) *145*
Lenormand, Mademoiselle 84, 85
Leroux, Pierre 96
Leszczynski, Stanislaus I. 10
Lind, Jenny 139
Linde, Luzia 25
Linde, Samuel Bogumil 14, 17
Liszt, Franz *9*, 24, 54, 62, 63, 66, 68, *69*, *72*, 77, 78, *78*, 81, 82, 89, *90*, 93, *121*
Louis Philippe (auch Herzog von Orléons) 57, 58, 60, *60*, *82*, 138
Ludwig XV. 10
Malcz, Wilhelm 29
Malfatti, Johann, Dr. 45, 50, 60

- Malibran, Marie Felicité 60
- Mallefille, Félicien 90, 96, 97, *121*
- Marliani, Gräfin 98, 99, 103, 107, 108, 111, 112, 120, 121, 128, 138
- Marliani (spanischer Konsul) 98
- Mattis, Dominik 52
- Matuszyński, Jan 24, 38, *48*, 49, 50, 70, 80, 84
- Mendelssohn Bartholdy, Felix 32, 62, 63, *69*, *74*, 77, 79, 85
- Metastasio, Pietro 45
- Meyerbeer, Giacomo 60, 82, 89, *90*
  - *Robert der Teufel* 60, 61, *62*
- Mickiewicz, Adam *81*, 84
- Miroszewski, Ambrozy *13*
- Moriolles, Alexandrine de 38
- Moscheles, Ignaz 73, 74
- Mozart, Wolfgang Amadeus 20, *32*, 33, 35, *35*, 38, *44*, 47, 124, *145*
  - *Don Giovanni* 33, 35, *38*
  - *Figaros Hochzeit* *32*
  - *Requiem* *145*
  - *Zauberflöte, Die* *32*
- Musset, Alfred de 58, 59, 89, *90*, 108
- Napoleon 12, 14
- Napoleon III. (auch Louis Napoleon) 58
- Nourrit, Adolphe 60, *62*
- Osborne, George 74, 77
- Pac, Graf 10, 17
- Paderewski, Ignacy 9
- Paër, Ferdinando 59, 60, *60*, 61
- Paganini, Niccolo *74*, *90*
- *Pamietnik Warszawski* 20
- Papet, Gustave, Dr. 121
- Pasta, Giuditta Negri 60
- Pictet, Major 97
- Pierret, Jean-Baptiste 118, 119
- Pixis, F.W. 35, 63
- Pleyel, Camille 63, 85, 93, 101, 106, 107, 139, *139*
- Pleyel, Ignaz 63, 92
- Pleyel (Klavierfabrik) 63, 92, *92*, 93, *93*, 138, 139
- Poniatowski, Stanislaus 17, *17*
- Potocka, Delphine 44, 77, 81
- Potocka, Gräfin 81, 144
- Préaulx, Fernand de 128
- Pruszak, Marianna 44
- Radziwiłł, Eliza 30, 36, *43*
- Radziwiłł, Fürst Antoni 20, 30, 36, 38
- Radziwiłł, Louise 30
- Radziwiłł, Valentin 63
- Radziwiłł, Wanda 36, *36*, 73
- Reicha, Anton 61
- Rogers, Samuel 139
- Rossini, Gioacchino 40, 47, 59, 60, *60*, *69*, *90*
  - *Barbier von Sevilla, Der* 25, 60
  - *Italienerin in Algier, Die* 60
  - *Othello* 60
  - *Wilhelm Tell* 47, *62*
- Rothschild, Baron James 63
- Roubaud, Marie 74
- Rozières, Gräfin Marie de 119, 121, 131
- Rubini, Giovanni Battista 44, 60
- Sachsen, Graf Moritz von 90
- Sand, Aurore *111*
- Sand, George (Aurore Dupin, verh. Baronin Dudevant) 58, 66, 74, *84*, 89, 90, *90*, 91, *91*, 96, 97, 98, *98*, 99, *102*, 103, 104, 105, 106, *106*, 107, 108, 111, *111*, 112, 115, 118, 119, 120, *120*, 121, *121*, 124, *124*, 125, 126, *126*, 127, 128, 130, *130*, 131, 134, *134*, 137, 138, 143, 144
- Sand, Maurice 98, *98*, 99, *101*, *102*, *103*, 105, *108*, 115, 118, *118*, 121, *121*, 124, 125, *126*, 127, 130, 131, 134
- Sand, Solange 98, 99, *101*, 105, 115, 118, *118*, 121, *121*, 124, 125, 126, 127, 128, 130, 131, 134, 138
- Sandeau, Jules 59
- Sapieha, Fürst Kasimir 17
- Sartoris, Adélaïde 139
- Scarlatti 124
- Schinkel, Karl Friedrich 30
- Schlesinger, Maurice 61
- Schnabel, Joseph 44
- Schubert, Franz 35, *44*
- Schumann, Clara 82
- Schumann, Robert 62, *74*, 79, 82
- Siemiradzki, Henryk *28*
- Skarbek, Anna 30
- Skarbek, Fryderyk 12, 13, 20
- Skarbek, Gräfin Ludwika 12, 13, 14
- Smithson, Harriett 66, 77
- Sontag, Henriette 38, *39*
- Spontini, Gasparo Luigi Pacifico 32
- Stirling, Jane 138, *138*, 139, 140, 142, 143
- Strauß, Johann 49
- Sutherland, Herzogin 139
- Teodorowna, Maria 20
- Thalberg, Sigismund 52, *54*, 81
- Thun-Hohenstein, Graf 78
- Torphichens, Lord 140
- Trémont, Baron 69
- Vaudemont, Fürstin 66
- Viardot, Pauline 118, *118*, 124, 126, 139, 143, 144
- Victoria, Königin 139
- Vigneron, Pierre Roche *57*, 63
- Vigny, Alfred de 77
- Weber, Carl Maria von 74
- Weydlich, Jan Adam 10, 17
- Wiclislaw, E.S. 26
- Wieck, Friedrich 82
- Winterhalter, Franz-Xaver *115*
- Witwicki, Stefan *9*, 49, 84
- Wodzińska, Maria 79, 81, *81*, 84, 85, 91, 96
- Wodzińska, Teresa 81, 84, 85
- Wodziński, Brüder 79
- Wolicki, Erzbischof 33
- Woyciechowski, Tytus 30, 36, 38, 39, 40, 43, 44, 47, 49, *57*, 58, 66, 68, 69, 70, 73
- Würfel, Wilhelm 22, 33, 35, 45
- Zelter 32
- Żywny, Wojciech 17, 20, 77


## VERZEICHNIS DER ORTE


- Aachen 77
- Antonin, Jagdschloß 30, 36, *38*
- Bad Reinerz *29*
- Berlin 12, 32, 39
- Breslau 44
- Brochów, Pfarrkirche in *12*, 13
- Croissy 66, 89
- Dresden 44, 79, 81
- Düsseldorf 77
- Edinburgh 140, 142
- Enghien 77, 81
- Glasgow 140, 142
- Heidelberg 80
- Johnstone Castle 140
- Kalisz (Kalisch) 30, 40, 43
- Karlsbad 78
- Koblenz 77
- Köln 77
- Krakau *26*, *29*, 40
- Leipzig 79, 82
- London 82, 91, 138, 139, *139*, 142
  - Guildhall 142
  - Oper in 139
- Mallorca 89, 98, 99, *102*, 103, 105, 111
- Manchester 140
- Marainville 10
- Marienbad 81, *81*
- Masowien *9*, 12, 26, 40
- München 53
- Nohant, Château de 91, 115, 118, *118*, 119, 121, *121*, 124, 125, 126, 127, 130, 131, 134, *134*
- Ojców, Naturpark *29*
- Palma 97, 99, 101, 102, 106, 108
  - Oper in *111*, *112*
  - Theater in 108
- Paris 53, 57, 58, 59, 60, 66, 70, 80, 85, 91, 124, 125, 127, 128, 138, 142, 143
  - Académie royale 60
  - Collège de France 12
  - Konservatorium 60, *60*, 61, 77
  - Oper in 59, *61*
  - Opéra-Comique 60
  - Orléans, Square d' 74, *93*, 125, 138, 143
  - Palais Royal *58*
  - Père-Lachaise, Friedhof *84*
  - Sainte Madelaine, Kirche *144*, *145*
  - Salons Érard (auch Salle Érard) 77
  - Salons Pleyel (auch Salle Pleyel) 63, 77, 138
  - Théâtre des Italiens 60, 77
  - Vendôme, Place *137*, 143
- Posen (Großherzogtum) 20, 30
- Poznań (Posen) 30, 33, *38*
- Prag 35, 44
- Saint-Gratien 78
- Salzburg 53
- Stirling Castle *138*
- Stuttgart 53, 54
- Szafarnia 22, 24
- Torun 24, *24*
- Trinitat, La (Einsiedelei) *97*, *98*
- Valldemosa, Kartause von *96*, *98*, 99, *101*, *102*, 103, *108*, *111*
- Warschau 12, 13, 16, 17, 20, 24, *31*, 32, 35, 39, 40, 49, 70, 81, 124
  - Dreifaltigkeitskirche 24
  - Kazimirpalais 16, 30
  - Kirche des Visitandinnenordens 26
  - Konservatorium 28, 33, 38
  - Lyzeum 13, *13*, 14, 16, 20, 25, 28
  - Nationaltheater *39*, 40
  - Palais Krasiński 29
  - Palais Radziwill *20*
  - Pension Chopin 16, 22
  - Sächsisches Palais 14, *14*, 16
  - Universität 17, 25, 32
- Wien 12, *32*, 33, 35, 39, 43, 44, 47, 53, *53*
  - Belvedere *44*, *50*, *54*
  - Burgtheater *44*, *46*
  - Kaiserlich-königliches Theater 33, *44*, 45
  - Oper in 33
  - Stephansdom *48*
- Żelazowa Wola *9*, *11*, 12, 17

## DANKSAGUNG

Für ihre wertvolle Hilfe, ihr Vertrauen, für die Qualität des zur Verfügung gestellten Materials, der Dokumente und Gegenstände sowie für ihre nie versiegende Liebenswürdigkeit bedanken wir uns besonders herzlich bei Suzette Borrel, Daniel Bourgeois, Antiquitätenhändler in Châtillon-sur-Seine, Jacques Noël, Georges Patte, Marguerite und Pierre Patte, Anne Patte-Trémolières, Nicole Trémolières, Marie und Hervé Toggwiler, Félix Patte, Fanny und Alexandre Watrin-Queneau.

Dieses Werk, dessen Aufnahmen in so vielen Ländern, an so vielen Orten entstanden, wäre nicht zustande gekommen, und die dafür notwendigen Recherchen hätten nicht durchgeführt werden können ohne die Mitarbeit zahlreicher Personen, die wir unten aufführen wollen:

FÜR POLEN
Der Direktor des Office national polonais du Tourisme in Paris und Elzbieta Szczepanska, PR-Assistentin; Albert Grudzinski, Hanna Wroblewska-Straus und Térésa Czerwinska vom Museum und der Photothek der Chopin-Gesellschaft Warschau; Anna Harford, unsere Führerin und Dolmetscherin, für deren außergewöhnliche Tüchtigkeit und Effizienz wir uns bedanken!

FÜR ÖSTERREICH
Anne Deketele vom Maison de l'Autriche in Paris, Madeleine Le Duigou vom Pariser Institut culturel autrichien, Jutta Hintersteininger vom Wiener Tourismusverband, Theodor Kanitzer, Vorsitzender des Internationalen Verbandes der Chopin-Gesellschaften, Wien.

FÜR DEUTSCHLAND
Till Meyer, Direktor des Maison de Rhénanie-Palatinat, Dijon, Elisabeth Schultes, Dokumentarin des Maison de Rhénanie-Palatinat, Dijon.

FÜR SPANIEN
Jose-Maria Iparraguirre von der Abteilung Kultur der spanischen Botschaft in Paris, Fernando Puig de la Bellacasa, Direktor des Spanischen Fremdenverkehrsamts in Paris, Aude Lechere von der Presseabteilung des Spanischen Fremdenverkehrsamts in Paris, Rosa Capllonch Ferrà von der Celda Chopin-Sand in der Kartause von Valldemosa und Leiterin des Chopin-Festivals, die uns großzügig Einblick in ihre Sammlungen gewährte, und Doktor Bozena Schmid-Adamczyk, stellvertretender Konservator des Museums Frédéric-Chopin-George-Sand, sowie Alvaro de Mirabeau, Direktor der Kartause von Valldemosa, ferner der Consell Insular de Mallorca und sein Leiter Pere Noguera, Linda de Saeghert und Cati Cañellas von der Ibatur, das Institut Balear de Promocio del Turismo, Nicole Fraysse, Führerin und Dolmetscherin von Ibatur, die uns gutgelaunt mit Rat und Tat zur Seite stand.

FÜR FRANKREICH
Caisse nationale des Monuments historiques et des Sites (Bereich Nohant), Marc Cioffi, Architekt der Bâtiments de France und zuständig für Nohant, Monsieur und Madame Ariel Paszkiewicz, Präsident der Société Chopin de France, Pierre Haquet, Generaldirektor von Chaumet International, Béatrice de Plinval, Leiterin der Abteilung Außenbeziehungen und zuständig für Denkmalpflege (Chaumet Paris), Monsieur Philippi, Direktor des Stadttheaters Dijon, Stadtbücherei von Semur-en-Auxois, Jean-Claude Sosnowsky, Bibliothekar und Martine Bottard, Assistentin der Abteilung für Denkmalpflege.

Ihnen allen gilt unser herzlichster Dank.


## BILDNACHWEIS

Alle Aufnahmen in diesem Band stammen von Christine Fleurent, mit Ausnahme der folgenden (o = oben, u = unten, r = rechts, l = links, m = Mitte):



ÜBERSETZUNG
Ist keine (deutschsprachige) Quelle genannt, wurden die Zitate von der Übersetzerin ins Deutsche übertragen.